Donde te puede llevar un

"SI"

Por
Ramón Sierra y
Juan Vázquez Pla

2018-2019 MNI
Recursos Educativos Sobre Misiones

Libros

África, Oh África
por Louise Robinson Chapman
Editado por Chuck y Doris Gailey

Donde te puede llevar un "sí"
Por Ramón Sierra y Juan Vázquez Pla

Donde te puede llevar un "SI"

Por
Ramón Sierra y
Juan Vázquez Pla

✳ Misiones Nazarenas Internacionales

Dedicatoria

A los misioneros Nazarenos internacionales, incluidos los voluntarios, que han servido en la misión de Dios en Puerto Rico y que han inspirado a los puertorriqueños a servir de la misma forma, tanto a nivel local como en el extranjero.

Nota del editor

En este libro, el lector conocerá el caminar de aquellos que dijeron 'Sí' al llamado de Dios en sus vidas. A personas de los Estados Unidos que dijeron 'Sí' y fueron a la pequeña isla de Puerto Rico siguiendo ese llamado; y a aquellos de Puerto Rico que, bajo la influencia de los primeros misioneros que llegaron a la isla, dijeron 'Sí' al llamado de Dios. Esas personas, aquí representadas por cuatro parejas fieles, cuyo 'Sí' los llevó a varios países de Centro y Sud América y los Estados Unidos, son testimonios de que Dios está trabajando en todas partes. Él precede y acompaña a aquellos que van por fe, cualquiera que sea su cultura o idioma. Él extiende su toque y su influencia santa a través de esas vidas fieles.

Estas historias son un relato de cuatro parejas puertorriqueñas cuyas vidas fueron impactadas por los misioneros que llegaron por primera vez a la isla. Los mentores de estas cuatro parejas fueron numerosos, pero en cada uno hubo un "Sí" que marcó la vida de otras personas, lo que a su vez motivó un "Sí" en la siguiente generación y condujo a un avance en la empresa misionera. El tejido eficaz de la gracia de Dios, Su llamado, el 'Sí' fiel de aquellos que lo siguieron y las vidas cambiadas que resultaron, son un testimonio de cómo Dios puede usar en las misiones a cualquiera que se atreva a decirle 'Sí' a Él.

En los capítulos 2 al 5, el autor presenta a las parejas misioneras de Puerto Rico, explica algunas de las tradiciones únicas que rodean sus nombres, y relata sus testimonios-historias de ministerio y misiones que fueron el resultado de haber dicho 'Sí'.

Gracias por la oportunidad

Al escribir este libro, sobre cuatro parejas puertorriqueñas que han servido como misioneros globales, se me ha concedido el privilegio inmerecido de narrar sus historias así como la mía. Hemos sido amigos personales y colegas ministeriales durante más de 50 años. Nuestras vidas se han entre cruzado al servir al Señor durante estos años. Los conozco bien.

Nuestro material testimonial original en español fue compilado en forma escrita por Ramón Sierra. Era extenso y estaba destinado a un público diferente y otro tipo de publicación. Ramón y el personal de MNI me confiaron la tarea de resumir y reescribir el material de tal manera que encajara dentro de los límites de este pequeño libro de misiones. Confío en que he sido justo con todos

Y a todos, gracias por la oportunidad de escribir *Donde te puede llevar un "sí"*.

Juan Vázquez Pla

Table of Contents

Prefacio

Hechos 1:8, adaptado: Pero recibirán poder cuando el Espíritu Santo venga sobre ustedes; y serán mis testigos en Aguadilla, y en todo Puerto Rico y el Caribe, y hasta los confines de la Tierra.

Este libro narra la fascinante historia de parejas puertorriqueñas valientes que obedecieron al llamado de Dios de llevar las buenas nuevas de Cristo desde Borinquen[1] hasta los confines de la Tierra. Aunque confieso que estos misioneros son mis héroes, aquellos que lean este libro descubrirán que son personas comunes, de lugares como Barceloneta, Ponce, Carolina, Utuado y Santurce. ¡A Dios le plació usar a estas personas para impactar miles de vidas en todo el continente! La clave es la disponibilidad al llamado de Dios. Se dedicaron al Señor y sacrificaron sus planes personales, abandonando a sus familias y la hermosa Isla del Encanto, para encarnar el mensaje transformador y santificador de Cristo en tierras lejanas. Siendo boricuas,[2] abrazaron las diversas culturas donde ministraron. Aprendieron a cambiar sus buñuelos por pasteles, tortas por tamales y frijoles por habas. Estos siervos del Altísimo alegremente dieron algunos de sus mejores años al servicio del Señor en toda América Latina y el Caribe. Dedicaron sus talentos para el avance del reino de Dios, y las semillas sembradas con lágrimas, sacrificio y amor, han crecido por todo el continente.

¿Por qué escribir este libro? ¿Con el deseo de impresionar al lector? ¿O a los puertorriqueños que los enviaron y apoyaron con oraciones y ofrendas? Dudo que sea para lograr grandes ganancias por su venta. Sin lugar a dudas, estos amigos y hermanos en Cristo han compartido sus humildes testimonios para honrar al Señor y para inspirarnos a todos a escuchar y obedecer al llamado de Dios.

Al leer acerca de la poderosa mano de Cristo obrando en y a través de ellos, somos confrontados con la pregunta: "¿También estoy dispuesto a obedecer al llamado de Dios?" ¿Sera posible que Dios siga llamando a la gente hoy a abandonarlo todo, tomar Su cruz y seguir a Cristo? La oración sincera de estos colegas de la viña del Señor es que aquellos que lean este libro dediquen sus vidas al llamado de Dios en obediencia radical. Ya sea que se ministre en Jerusalén o en los confines de la Tierra, cada cristiano escucha estas palabras del Padre celestial: "¿A quién enviaré? Y ¿Quién irá por nosotros?" Que Dios conceda que, como el profeta de antaño, todos respondan con alegría, entusiasmo y entrega: "Heme aquí. ¡Envíame a mí!" (Isaías 6:8).

Jerry D. Porter,
Superintendente General Emérito
Iglesia del Nazareno

Introducción

La historia de Elías y Eliseo es una de las historias más singulares que puedes encontrar en la Biblia. Sin embargo, ilustra bien el punto principal de este libro de misiones: hay mentores y hay discípulos (o ambos) en las acciones de cumplimiento de la Gran Comisión. Echemos un vistazo rápido a nuestra historia bíblica tomada de 2 Reyes 2:1-3, 7-12a (VOZ).

> Elías y Eliseo estaban saliendo de Gilgal cuando el Señor planeó arrebatar a Elías hacia los cielos con el poder de un feroz viento danzante.

Elías (a *Eliseo*): Te pido que te quedes aquí. El Señor me ha ordenado ir hasta Betel.

Eliseo: Tan cierto como que el Señor y tú viven, te juro que no te dejaré solo.

Así que los dos viajaron a Betel, donde los discípulos de los profetas que vivían allí se acercaron a Eliseo.

Los discípulos de los profetas: ¿Sabes que hoy el Señor va a arrebatar a *Elías*, tu maestro, lejos de ti?

Eliseo: Sí, lo sé *muy bien. Cállen.*

[Aquí el narrador de la Biblia muestra que este intercambio exacto de palabras, entre Elías, Eliseo, y los discípulos de los profetas, ocurrió en otros dos lugares, primero en Jericó y luego cerca del río Jordán. Luego el narrador concluye su inusual historia de la siguiente manera:]

Mientras Elías y Eliseo estaban cerca del Río *Jordán*, 50 de los discípulos de los profetas *de esa zona* se mantuvieron a cierta distancia frente a ellos, al otro lado del río. Elías se quitó el manto y lo enrolló; luego golpeó el agua con él, y el agua se dividió. Elías y Eliseo caminaron en tierra seca. Después de que los dos llegaron al otro lado *del Jordán*, Elías dijo a Eliseo.

Elías: Dime qué es lo que quieres que haga por ti antes de que me separen de tu lado.

Eliseo: Por favor, deseo recibir una doble porción de tu espíritu. *Como tu sucesor, quiero tener una doble porción de tu poder.*

Elías: Lo que has pedido es algo difícil, pero se cumplirá si eres testigo de mi partida. Pero si no miras, entonces no tendrás tu doble porción.

Mientras los dos continuaron caminando y hablando *como solían hacer, sucedió algo increíble.* Un carro de fuero tirado por caballos de fuego *irrumpió desde los cielos y* se interpuso entre Elías y Eliseo. Entonces Elías fue arrebatado al cielo por el *torbellino* de fuego. Eliseo fue testigo de este *increíble espectáculo.*

Eliseo: ¡Padre mío, oh padre mío! ¡Carros y jinetes de Israel!

Eliseo nunca más vio a Elías.

La Biblia dice que Eliseo continuó la obra de su mentor, incluso invocando el nombre de Elías en busca de ayuda, y a veces haciendo cosas tan inusuales como él. Ramón y Blanca, Mario y Raquel, Pedro y Justita, y Noemí y yo, no pensamos que alguno de nuestros testimonios, como misioneros globales, fuera tan singular como los que se encuentran en la historia de Elías y Eliseo. Sin embargo, nos gusta pensar que nuestros testimonios reflejan tanto nuestro compromiso de decir "Sí" como los intercambios que se dieron entre nosotros y aquellos a quienes Dios trajo a nuestro lado en nuestro servicio fiel.

En las oportunidades de ministerio que la Iglesia del Nazareno nos ha dado a lo largo de los años, tanto en Puerto Rico como en otros países, nos hemos cruzado con muchos misioneros - y muchos otros que aunque no fueron considerados misioneros oficialmente actuaron como tales. Algunos de estos misioneros y obreros están ahora con el Señor. Algunos otros aún viven y están activos. En estas páginas, testificamos con aprecio que muchos de ellos fueron como mentores para nosotros.

Puede ser que estas personas no hayan tenido el entendimiento moderno de la "mentoría" cuando establecieron relaciones con nosotros. Sin embargo, por la forma sacrificada e intencional en que invirtieron en nosotros, y porque confiaron en nosotros y nuestro llamado al ministerio, fueron nuestros maestros, consejeros y guías de confianza. Fueron nuestros patrocinadores y quienes nos animaron. Esperamos y oramos para que nuestros testimonios reflejen estas relaciones.

Mientras lee, ponga atención tal como los 50 discípulos de Elías lo hicieron. Puede ser que descubra que usted también fue parte de esta historia, conectado con nuestras vidas y las vidas de aquellos que nos guiaron.

Capítulo 1
Un nuevo campo de misión en un mundo en guerra

Marcos 13:7. Cuando escuchen de guerras y rumores de guerras, no se alarmen. Esas cosas deben suceder, pero aún no es el fin.

La isla donde nacimos

Puerto Rico (literalmente "Puerto Rico"), reclamado por Cristóbal Colón para la Corona española en 1493, tiene una larga e intrincada historia cultural y política. Oficialmente se llama "Estado Asociado Libre de Puerto Rico". La relación de la isla con los Estados Unidos de América (desde 1898 como territorio no incorporado), se suma a las peculiaridades de Puerto Rico. Nuestra isla, junto con la isla Española (que abarca a la República Dominicana y Haití) y Cuba, forman las Antillas Mayores, en el noreste del Mar Caribe.

Con una población de 3.4 millones de personas y una superficie de 9,103 kilómetros cuadrados (3,515 millas cuadradas), Puerto Rico se encuentra entre los primeros 25 países del mundo con mayor densidad poblacional. La población mestiza de la isla,[3] gente de una hermosa mezcla creada por Dios, de ancestros principalmente Precolombinos, Europeos, del Medio Oriente, Africanos y Asiáticos, son conocidos por su calidez y hospitalidad.

El español y el inglés son los idiomas oficiales de Puerto Rico. El turismo y la farmacéutica son dos de sus principales industrias.

Puerto Rico como un nuevo campo de misión

El lanzamiento de Puerto Rico como un nuevo campo de misión, hace más de 75 años, fue una significativa y heroica respuesta de la Iglesia del Nazareno a un mundo en guerra. La participación de los Estados Unidos en la Segunda Guerra Mundial y la Gran Depresión que la precedieron destruyó la estructura económica de los Estados Unidos y de muchos otros países del mundo. La multifacética tragedia humana causada por la Segunda Guerra Mundial (1939-1945) hizo que el pesimismo y la desesperación fueran un sentimiento predominante entre mucha gente en los Estados Unidos y en otros lugares. Sin embargo, en el punto más álgido de la guerra, el Dr. JB Chapman, un líder mundial nazareno, proclamó:

Creemos que podemos hacer nuestra mejor contribución, a la paz mundial y a todas las demás reformas y al bien mundial, predicando la salvación personal tradicional y orando por un avivamiento desde el cielo sobre nuestras iglesias y sobre el mundo.[4]

Este manifiesto de misión fue proclamado a la Junta General de nuestra denominación en 1943. El año siguiente, la Iglesia del Nazareno se unió a esta causa financieramente (a través del Fondo para la Evangelización Mundial) al declarar a Puerto Rico como un nuevo campo de misión.

Este audaz paso de fe en favor de las misiones cristianas, en un mundo en guerra, fue un claro testimonio del total compromiso de la iglesia con el evangelismo mundial. Los nazarenos puertorriqueños estuvieron extremadamente agradecidos. Las historias contadas en este libro, de los misioneros que fueron a Puerto Rico y desde Puerto Rico a otras áreas del mundo, no se contarían sin este compromiso central de nuestra iglesia con la Gran Comisión de nuestro Señor.

Los primeros misioneros internacionales a Puerto Rico

Cuando los misioneros nazarenos no puertorriqueños llegaron en 1952, el trabajo de la Iglesia del Nazareno ya había existido durante casi una década bajo el liderazgo del puertorriqueño JR Lebrón Velázquez. Por medio de una fusión, la Iglesia del Nazareno recibió un número pequeño pero creciente de iglesias existentes de la tradición de santidad, la Iglesia Evangélica del Salvador.

La experiencia ha demostrado que es un desafío cultural para los misioneros extranjeros compartir con líderes nativos las responsabilidades de hacer crecer la iglesia. Harold y Gladys Hampton, nuestros primeros misioneros internacionales, así como aquellos que prepararon el camino para ellos, fueron honrados con esa tarea.

Noemí y yo recordamos bien a los Hampton a pesar de nuestra corta edad. Harold y Gladys dominaban el español. El toque alegre del acordeón de Harold, su canto y la ardiente predicación de santidad tuvieron un gran impacto entre los primeros nazarenos puertorriqueños. Él también tuvo la responsabilidad de comenzar un programa formal de estudios ministeriales para capacitar a los ministros nazarenos de la isla. Los Hampton empezaron una época de profunda influencia, por parte de misioneros nazarenos internacionales, que duró casi cinco décadas.

El Sur Global

Después de la Segunda Guerra Mundial, muchos conflictos continuaron plagando el mundo. Sin embargo, misioneros cristianos de diversas denominaciones, principalmente de América del Norte y Europa, fielmente continuaron "yendo y haciendo discípulos a todas las naciones". La Iglesia del Nazareno con su mensaje de santidad fue un participante activo de esta misión global. Los frutos abundantes de este trabajo fiel y obediente a la Gran Comisión del Señor, se hicieron evidentes en un movimiento del Espíritu de Dios, en forma especial. "El Sur Global" es un término usado en estudios transculturales para referirse principalmente a países de África, Asia, el Caribe y América Latina.

El rápido crecimiento y desarrollo de la iglesia dentro del Sur Global provocó un fenómeno relacionado - el surgimiento de un número creciente de misioneros internacionales provenientes de los países del sur del planeta. En 2010, "casi la mitad de los principales países que enviaron misioneros al mundo" estaban ubicados en el Sur Global.[5]

Noemí y yo, junto con las otras tres parejas puertorriqueñas cuyos testimonios se comparten en este libro, creemos que nuestra respuesta al llamado de Dios al servicio misionero global ha sido una parte pequeña de este movimiento del Espíritu. Los primeros de nosotros, que fuimos invitados a servir en otras áreas del mundo hace casi 40 años, fuimos parte de un grupo muy pequeño de misioneros nazarenos internacionales del Sur Global. Hoy, el número de misioneros nazarenos del Sur Global aumenta cada año. Nuestra iglesia, sensible a la dirección de Dios hacia esta visión incluyente de misión, está cosechando las recompensas.

Capítulo 2

Mateo 28:18-20
Entonces Jesús vino a ellos y les dijo: "Toda autoridad me ha sido dada en el Cielo y en la Tierra. Por lo tanto, vayan y hagan discípulos ... enseñándoles..."

Ramón y Blanca

Primero, hablemos del nombre completo de Ramón y Blanca. Como confirman los que están familiarizados con el sistema de nombres en español, tradicionalmente una persona lleva un solo nombre o un nombre compuesto, o un "nombre", y dos "apellidos". A los hispanos les gusta esta estructura de nombres. Los nombres completos de Ramón y Blanca son: Ramón Ángel Sierra Mastache y Blanca Dora Campos Ríos. En el uso cotidiano, los puertorriqueños llamarían a la otra persona por un "nombre" y el primero de los dos "apellidos", a menos que la persona prefiera el nombre completo. Así, Ramón sería conocido como Ramón Sierra, y Blanca como Blanca Campos.

Ramón

Ramón nació en Barceloneta, una ciudad en la costa central norte de Puerto Rico. Su madre Miriam, vivía con los abuelos maternos de Ramón, mientras su padre Ramón Sr., servía en las fuerzas armadas de los Estados Unidos en el extranjero.

Ramón creció en un hogar cristiano. La mayoría de su familia extendida asistió a la Iglesia del Nazareno en la ciudad, pastoreada por el fundador José Sastre Robles y su esposa Eva.

Cuando Ramón tenía tres años, su familia se mudó a la ciudad de Nueva York. Fueron parte de los muchos inmigrantes puertorriqueños que llegaron a los Estados Unidos continentales a fines de la década de 1950. Poco después de establecerse en el este de Manhattan, la familia de Ramón descubrió que vivían cerca de la Iglesia Hispana del Nazareno pastoreada por Alberto Espada Matta, también puertorriqueño.

El pastor Alberto fue un pastor excepcional, y en muchas formas adelantado a su tiempo. Tenía una gran visión para el trabajo hispano en el área. Fue un plantador de iglesias, tenía un programa de radio, comenzó un curso ministerial de estudios para preparar pastores y líderes laicos, participó activamente en organizaciones comunitarias y fue trabajador social de profesión. El ejemplo inspirador del pastor Alberto y el trabajo de otros pioneros nazarenos entre los hispanohablantes en el noreste de los Estados Unidos se quedaría con Ramón el resto de su vida. Ramón considera el trabajo del pastor Alberto y otros como él, en las décadas de 1950 y 1960, como lo mejor de las misiones nazarenas.

En su adolescencia, Ramón enfermó gravemente. Le diagnosticaron epilepsia y, según sus médicos, tendría que aprender a vivir con ella. Sin embargo, él testifica que Dios lo sanó milagrosamente. Nunca tuvo que volver a tomar medicamentos y ha disfrutado de una vida normal.

Mientras tanto, ya se había producido un milagro aún mayor en la vida de Ramón. "A la edad de 13 años", dice, "entregué mi vida a Cristo".

Después de unos años, su familia regresó a Puerto Rico y se instaló en Palmas Altas, una pequeña comunidad costera de Barceloneta. La familia de Ramón se unió a la congregación Nazarena donde sus abuelos se habían hecho miembros. "Allí trabajamos juntos para el Señor", recuerda Ramón.

Después de que Ramón terminó la escuela secundaria en los Estados Unidos, completó una carrera asociada en ingeniería química y consiguió un trabajo en la floreciente industria farmacéutica en el área. En un verano asistió a un campamento juvenil. En el plan de Dios, éste se convirtió en otro punto de inflexión en su vida. En respuesta a uno de los sermones predicados en el campamento, sintió en su corazón la voz de Dios llamándolo al ministerio pastoral.

Ramón regresó a los Estados Unidos continentales en 1973 para estudiar en el Seminario Nazareno Hispanoamericano en San Antonio, Texas, donde completó una licenciatura en teología, siendo el primero de su clase. Él cuenta que estaba muy complacido con los excelentes profesores que tuvo en el seminario. Algunos de ellos habían sido misioneros en América Latina. Ramón habla muy bien del profesor José Rodríguez, a quien a menudo se ha referido como "el teólogo más distinguido entre los hispanos en los Estados Unidos y en América Latina". Rodríguez había estudiado con H. Orton Wiley, el principal teólogo nazareno de su tiempo.

Blanca

Blanca también nació en Barceloneta, de sus alegres padres Juan y Blanca. Su familia vivía en la misma zona de Barceloneta a donde la familia de Ramón regresaría después de estar en los Estados Unidos continentales.

La congregación nazarena, que había sido plantada por la iglesia madre del centro de Barceloneta hace varios años, estaba construyendo una pequeña capilla en la propiedad al lado de la casa de Blanca. Ella todavía recuerda esta capilla nazarena en construcción cercana a su casa. Fue a comienzos de la década de 1960. Noemí y yo éramos los pastores de la iglesia madre del centro de Barceloneta, pero Noemí también asistía a la iglesia que se estaba plantando en el vecindario de Blanca y ayudaba con la enseñanza, la predicación y las visitas de casa en casa. En una ocasión Noemí visitó la casa de Blanca y le preguntó si podía inscribir a Blanquita que tenía cinco años y a sus hermanos en la Escuela Dominical. Su madre estuvo de acuerdo, y la vida de una futura misionera nazarena internacional puertorriqueña había comenzado discretamente en esa pequeña comunidad.

Cuando Blanca tenía 15 años entregó su vida a Dios. "En ese momento", testifica Blanca, "conocí a Cristo como mi Salvador". Ella pronto demostró sus dotes de liderazgo al convertirse en maestra de escuela dominical infantil, secretaria de la junta de la iglesia y líder juvenil local. Blanca siempre ha reconocido con profundo agradecimiento el apoyo que sus pastores y líderes laicos le dieron durante sus años de formación en la iglesia. Ella está en deuda particularmente con dos de ellos: Virgilio Torres y Duhamel Rodríguez.

A Blanca le gustaba leer los libros de misiones promovidos por el ministerio local de Misiones Nazarenas Internacionales. Inspirada por la literatura misionera, Blanca decidió participar activamente en evangelismo personal, en su propio vecindario. Ella recuerda haber llamado a su vecindario su "pequeño campo de misión", sin imaginar que algún día, Dios y la iglesia la llamarían a ella y a Ramón para servir en un "enorme campo misionero" muy distante.

Después de graduarse de la escuela secundaria, Blanca completó una carrera en ciencias de secretaría. Las habilidades que desarrolló demostraron ser extremadamente útiles para servir junto a Ramón en la iglesia, tanto en su hogar como en el extranjero.

Juntos en el ministerio

"El 21 de septiembre de 1979, el pastor Virgilio Torres nos casó en la Iglesia Palmas Altas", dice Ramón, "donde nos habíamos encontrado y servido al Señor como laicos durante varios años". Dos semanas más tarde, Ramón y Blanca fueron asignados a su primer pastorado en Barranzas, Carolina.

Ramón empezó sus estudios de posgrado en teología en el Seminario Evangélico de Puerto Rico. Estudiar la maestría en Divinidades fue una respuesta a la oración. Se habían visto a sí mismos en un ministerio "centrado en la capacitación de líderes", dijeron, al recordar esa etapa de su formación académica avanzada.

Ramón posteriormente se transferiría al Seminario Teológico Nazareno (NTS) en Kansas City, Missouri, para completar el programa de maestría en Divinidades. Mientras Ramón estudiaba en el Seminario, Blanca trabajaba en Publicaciones Internacionales (ahora Publicaciones Nazarenas Globales), con literatura en español.

Ramón recuerda, "Los profesores del STN eran excelentes académicos en las materias que enseñaban"; pero lo que más inspiró a Ramón fue el estilo de vida cristiana de los profesores y su disposición a ayudar a los estudiantes. "Tuve el privilegio de tener profesores ya maduros en su pensamiento, personas como Kenneth Grider, Charles Shaver, Rob Staples, William Greathouse, Morris Weigelt, Don Whitlock, Ed Robinson, Eunice Bryant y Harold Raser, entre otros."

Mientras completaba su estudio de posgrado (también obtuvo el título de maestría en Educación Religiosa); el llamado de Dios para servir como misioneros en la Iglesia del Nazareno se volvió "claro" para Ramón y Blanca. Dijeron 'Sí' y solicitaron servir como misioneros. Ramón y Blanca estaban bien equipados académica y profesionalmente para su tarea, lo que enorgulleció a sus mentores.

En Paraguay

Paraguay fue el primer país en donde Ramón y Blanca sirvieron como misioneros foráneos. Fueron allá en 1991. Con una población de 7 millones, Paraguay se considera social y políticamente parte del "Cono Sur", junto con Uruguay, Argentina y Chile en América del Sur.

Paraguay tiene dos idiomas oficiales: el guaraní, su lengua nativa, y el "castellano" o "español". Aunque el idioma materno de Ramón y Blanca era el español, tuvieron que hacer algunos "ajustes" a su vocabulario cotidiano. "Tuvimos que ajustar nuestro español", dice Ramón. "Algunas palabras que para nosotros eran vulgares, no lo eran para ellos, y viceversa".

Ramón y Blanca trabajaron primero en la planificación y desarrollo del programa de estudios para pastores y líderes. Varios estudiantes se graduaron durante sus tres años y medio en Paraguay. "Además, como todos los misioneros están llamados a hacer", informa Ramón, "desafiamos a los Paraguayos y otros líderes a utilizar los recursos que tenían y a asumir la responsabilidad del avance de la obra".

Eunice y Larry Bryant Bio

Eunice y Larry Bryant fueron misioneros de la Iglesia del Nazareno en Guatemala, México, Estados Unidos, El Salvador, Costa Rica y Perú durante 35 años. Ambos fueron ordenados como presbíteros en la Iglesia del Nazareno y se graduaron de Olivet Nazarene College (ahora Universidad) en los Estados Unidos, y del Nazarene Theological Seminary, donde Eunice recibió una maestría en Divinidades y un doctorado en ministerio. Eunice Bryant fue educadora tanto en el campo misionero como en el seminario hispano en San Antonio, Texas, cuando regresaron a los Estados Unidos en 1979. Larry sirvió como pastor en varios distritos de EUA, además de ser misionero. En el campo misionero, él fue ministro, maestro, director de una escuela bíblica, superintendente de distrito y un instrumento útil para iniciar la Iglesia del Nazareno en El Salvador. Larry falleció en 2009 y Eunice en 2015. Los Bryant tuvieron cinco hijos: Kenneth, Marilyn Baker (pastor nazareno), Mark, Joyce Collins y David.

En Argentina

Después de su primera asignación en Paraguay, el "Sí" de Ramón y Blanca los llevó a servir en nuestro seminario en Pilar, Argentina, una ciudad importante en el área conocida como el Gran Buenos Aires. Argentina, y especialmente el área de Buenos Aires con sus (entonces) 13 millones de personas y su cultura única, fue "otro mundo" y un desafío aún mayor para ellos. Ramón recuerda: "Nuestro ministerio se expandió de un país a tres países al trabajar como decano académico". Trabajaron en equipo con Rubén y Mónica Fernández, los decanos administrativos, y con el director del seminario Christian Sarmiento, quien también se desempeñaba como coordinador regional de educación teológica durante ese tiempo.

Los viajes constantes de Ramón lo llevaron a muchos lugares diferentes para enseñar en el creciente número de centros de educación teológica en Argentina. Estos centros se conocían como CENETA (por las siglas en español para Centros Nazarenos de Estudios Teológicos). Los CENETA se habían convertido en una iniciativa estratégica clave para brindar capacitación ministerial de alta calidad a un gran número de estudiantes y en forma rápida, como nunca antes en la región de América del Sur y otros lugares.

Mientras estuvieron en Argentina, Ramón y Blanca también se involucraron profundamente con el evangelismo, la plantación de iglesias y su desarrollo. Ramón lo dijo mejor en su informe resumido de servicio: "Durante nuestro tiempo en el Cono Sur, fuimos expuestos a una gran visión de evangelismo que se expandió a toda la Iglesia del Nazareno en la región de América del Sur, dirigida por

Louie Bustle y Bruno Radi. Trabajamos intensamente con el Plan Impacto y sus tres principios rectores: cada uno gana uno; cada pastor prepara a otro pastor; y cada iglesia planta una nueva iglesia".

Al igual que en Paraguay y para cubrir diversas necesidades administrativas en la región, según lo dispuesto por la Constitución de la Iglesia, Ramón (debido a su formación teológica) fue nombrado temporalmente superintendente de dos distritos en la provincia de Formosa, al norte de Argentina.

En Chile

En 1996, Ramón y Blanca dijeron 'Sí' a un traslado a Santiago de Chile, donde Ramón se convirtió en el director del Seminario Bíblico Nazareno.

Louie Bustle

Louie Bustle se graduó de Trevecca Nazarene College (ahora Universidad) y del Nazarene Theological Seminary, ambos en los Estados Unidos, y es un presbítero en la Iglesia del Nazareno. Él y su esposa Ellen, sirvieron como misioneros en las Islas Vírgenes, Costa Rica, República Dominicana y Perú. (Louie fue instrumento útil en la apertura del trabajo en la República Dominicana). En 1983 Louie fue elegido director de la región de América del Sur de la Iglesia del Nazareno; y en 1994 fue elegido director de Misión Global de la Iglesia del Nazareno. Se desempeñó como director de Misión Global hasta su jubilación en 2012. Louie y Ellen tienen dos hijos, John, y Beth.

Ramón y Blanca hablan de Chile como un "país muy bello, con ciudades y pueblos hermosos y progresistas". Chile y su gente impresionaron a Ramón y Blanca de una manera especial y positiva, tanto que llevó a Ramón a hacer la siguiente evaluación de la sociedad: "Durante los años que ministramos en Chile, el país ya estaba en un repunte económico con un fuerte énfasis en educación y el ambicioso objetivo de eliminar la pobreza. Hubo una mentalidad de inclusión en el país, aceptando la existencia de la pluralidad en toda la sociedad. Eran modernos e incluso posmodernos en muchos aspectos. Los evangélicos eran un poco más del 25 por ciento de la población, por lo que la iglesia evangélica fue reconocida y respetada por las autoridades". Sin duda, la Iglesia del Nazareno y sus ministerios de compasión, de casi un siglo de antigüedad, contribuyeron al positivo ambiente social en Chile.

Aunque esperaban trabajar en las instalaciones del seminario, Ramón y Blanca trabajaron en los siete centros de CENETA

Bruno Radi

Bruno Radziszewski, o Radi como es más conocido, nació en Italia y se hizo ciudadano Argentino. Fue presbítero ordenado en la Iglesia del Nazareno y sirvió como misionero en Paraguay, Brasil, Argentina y Ecuador. Bruno falleció en junio de 2005. Su esposa Liliana todavía sirve como misionera en Argentina. Bruno y Liliana tuvieron dos hijas, Johanna y Keila; y él tuvo dos hijos de un matrimonio anterior, Alejandra y Carlos (también misionero nazareno).

repartidos por todo Chile en la educación teológica descentralizada. Así resumió Ramón sus responsabilidades de formación ministerial en su nuevo país de ministerio: "Tuvimos el privilegio de enseñar en los centros y trabajar en su administración. En el seminario también coordinamos cursos anuales a nivel de *licenciatura* (un título de postgrado antes del nivel de maestría). Como parte del trabajo de director del seminario, realicé una evaluación general del ministerio de la institución, actualizamos los estatutos y elaboramos una propuesta para reabrir nuestro programa residencial en el Seminario".

Ramón también recibió la responsabilidad temporal, como superintendente, de liderar tres de los cuatro distritos en Chile: el Distrito Norte en Arica, el Distrito Bío Bío en Concepción y el Distrito Central en Santiago.

El misionero foráneo Alfredo (Al) Swain, junto a su esposa Arlene, estaba sirviendo como director de misión cuando Ramón y Blanca fueron por primera vez a Chile. Completaron el "equipo" que Ramón y Blanca siempre quisieron. Los experimentados líderes chilenos Alfredo Veloso y su esposa Francisca fueron de gran inspiración para Ramón y Blanca durante su estadía en el país. Ramón dijo, "Alfredo fue un excelente maestro, predicador y superintendente de distrito. Tanto él como su esposa fueron Nazarenos con corazones sensibles y compasivos, que servían sacrificialmente".

Ramón y Blanca salieron de Chile en septiembre de 2004, después de ocho años y ocho meses de servicio sacrificial a la iglesia y su misión. "Fue doloroso partir y dejar atrás a hermanos y hermanas, amigos y líderes queridos, y un ministerio fructífero allí. Dejamos parte de nuestro corazón en Chile".

En la anterior Región MAC

En 2005, Ramón y Blanca llegaron a la Ciudad de Guatemala para servir en la Región MAC, que entonces incluía parte de México y América Central, pero ahora es parte de la Región de Mesoamérica que también incluye el Caribe. Ellos ministraron en la Región MAC por seis años como coordinadores regionales de discipulado, incluyendo los Ministerios de Escuela Dominical y Discipulado.

Ramón y Blanca describen brevemente la naturaleza cambiante pero fructífera de su asignación misionera en la región MAC de esta manera: "Los primeros tres años vivimos en Ciudad de Guatemala y los siguientes tres, en Ciudad de México. En la región MAC, la naturaleza de nuestro ministerio cambió radicalmente. Después de haber sido la única pareja misionera en Chile durante la mayor parte de nuestro ministerio allí, ahora llegamos a ser parte de un equipo de coordinadores de diversos ministerios bajo la guía del director regional".

Mientras vivían en la región MAC, para facilitar el entrenamiento de discipuladores, Ramón y Blanca prepararon un *Manual de Capacitación Básica de Discipulado* que fue publicado en español en 2009 por Casa Nazarena de Publicaciones y en inglés en 2013 por Publicaciones Nazarenas Globales (GNP).

Información actual sobre Ramón y Blanca

En febrero de 2011, después de 20 años de servicio fiel a la misión de la Iglesia bajo Misión Global en otros países, el "Sí" de Ramón y Blanca los trajo a casa, a su nativa y querida "Isla Borinquen". Para entonces, se habían convertido en los misioneros internacionales "Boricua" que llevaban más tiempo bajo Misión Global.

Ramón, con Blanca como primera dama del distrito, actualmente se desempeña como superintendente del Distrito Oeste de Puerto Rico. Siguen participando activamente en el entrenamiento de pastores y líderes laicos en la isla.

Capítulo 3

Hechos 26:16
hora levántate y ponte de pie, porque me he aparecido a ti para designarte como mi servidor y testigo de lo que ahora has visto y de lo que todavía has de ver de mí.

Mario y Raquel

Los nombres completos de Mario y Raquel son: Mario Aníbal Cintrón Cordero y Raquel Reyes Ramos. En un trato no formal, se usaría la forma más corta de Mario Cintrón y ella sería conocida como Raquel Reyes.

Viaje de jóvenes en misión - ¿a dónde?

Fue a principios de la década de 1980. Raquel y Mario pastoreaban la Iglesia del Nazareno de Las Palmas en San Antonio, Texas - ahora Distrito Latino Texas-Oklahoma. Los misioneros veteranos William (Bill) y Juanita Porter fueron a la ciudad para hablar sobre las posibilidades de abrir el trabajo de nuestra iglesia en Venezuela.

La familia Cintrón y los Porters se conocían bien. Mario había entregado su vida a Cristo y se había unido a la Iglesia del Nazareno en Puerto Rico, cuando Bill y Juanita todavía estaban sirviendo como misioneros en la isla hace varios años atrás.

Los Porter estaban extremadamente entusiasmados con el desafío de empezar el trabajo de nuestra iglesia en Venezuela. No iban a dejar la ciudad sin antes pedir a Mario y Raquel que oraran y consideraran ser parte de un equipo de Jóvenes en Misión en Venezuela en el verano. La decisión de los Cintrón de unirse a los Porters en este corto viaje misionero voluntario cambiaría para siempre la vida y el ministerio de Mario y Raquel.

Venezuela

La Iglesia del Nazareno había estado promoviendo la santidad en América Latina por más de 75 años, pero Venezuela seguía siendo el único país de habla hispana sin nuestro testimonio de santidad en todo el continente Sudamericano. Venezuela también fue el país con el porcentaje más bajo de cristianos evangélicos en las Américas.

Bill y Juanita Porter

Bill y Juanita Porter sirvieron como pastores y misioneros de la Iglesia del Nazareno en los Estados Unidos, Puerto Rico, Nueva Zelanda, Venezuela y España por más de 40 años. Presbítero ordenado, Bill se graduó de Bethany Nazarene College (ahora Southern Nazarene University) en los Estados Unidos y en el Conservatorio de Música de Puerto Rico. Bill falleció en 2004 y Juanita se volvió a casar. Los Porter tuvieron dos hijos. Su hijo Jerry es Superintendente General Emérito de la Iglesia del Nazareno; él y su esposa Toni ahora sirven como misioneros. John, el hijo de los Porter, es un científico investigador de la Universidad de Hawai.

Oficialmente llamada República Bolivariana de Venezuela, su población actual es de más de 31 millones. Aunque fue colonizada por España en 1522, existe evidencia de la presencia humana en el área desde hace unos 15,000 años. Fue una de las primeras colonias hispanoamericanas en declarar la independencia en 1811, aunque no obtuvo la independencia completa como país hasta 1830.

Venezuela se encuentra entre los países más urbanizados de América Latina. La mayoría de los venezolanos viven en las ciudades del norte, especialmente en la capital, Caracas.

El petróleo fue descubierto a principios del siglo XX. Venezuela tiene las reservas de petróleo más grandes del mundo y ha sido uno de los principales exportadores de petróleo del mundo.[6]

"Mario es Mario"

Mario conoció nuestra misión de santidad en Puerto Rico por medio de la congregación principal en San Juan, su capital. Mario fue invitado por amigos que asistían a la iglesia allí. Después de regresar del servicio militar visitó la iglesia de sus amigos nuevamente. Harry J. Zurcher, un misionero internacional foráneo y su familia, recién llegados desde Perú, servía como pastor suplente.

Benjamín Román, un pastor puertorriqueño experimentado y exitoso, en poco tiempo fue llamado a ser el pastor de la iglesia local de Mario. Mario y el Pastor Román desarrollaron una relación de por vida que llevó a Mario a considerar a Román como "mi mentor y guía". Mario también se refiere al Pastor Román como "un gran modelo y amigo". Desde el principio, la manera en que Mario hacía las cosas para servir al Señor y la iglesia fue sorprendentemente diferente para muchos. Al responder a aquellos que preguntaban al Pastor Román sobre el inusual estilo de ministerio de Mario, siempre respondía ingeniosamente, "Mario es Mario".

Mario reconoció que Dios, en su providencia, lo había preparado para el ministerio a través de sus estudios seculares. Esto incluyó la fotografía (de parte de su padre, fotógrafo muy conocido), la enseñanza (de parte de su madre), el ejército, el drama y la medicina (enfermería quirúrgica) en la universidad. Él era el más joven de seis hermanos. "El Señor siguió moviendo las piezas en el tablero", dice Mario, "y yo estaba listo incluso antes de conocerlo".

Raquel, "Misionera desde el Nacimiento"

Raquel nació de Pedro y Lidia Reyes en Barceloneta en 1945. Vale la pena notar que ella nació en la misma ciudad costera del norte de Puerto Rico donde nacieron Blanca y Ramón. Raquel fue la segunda de cuatro hermanos.

Cualquiera que hubiera conocido a Raquel lo suficientemente bien sabía que siempre testificaba que tenía un llamado de Dios para ser misionera. Yo era su pastor cuando ella era una

---

Harry J. y Helen E. Zurcher

Harry Zurcher se graduó en Olivet Nazarene College (ahora Universidad) en los Estados Unidos y es un presbítero ordenado en la Iglesia del Nazareno. Además de pastorear en los Estados Unidos, los Zurcher fueron misioneros en Perú y Puerto Rico durante 28 años. Los Zurchers tuvieron cinco hijos, Laurence, Linda, Margaret, Sharon y Betty.

adolescente a principios de la década de 1960. Sus padres respaldaron la actitud convincente de Raquel al decir: "Ella es misionera desde el nacimiento".

Raquel fue muy activa en su iglesia local. Inscribía a los niños del vecindario en la Escuela Dominical, enseñaba una clase de Escuela Dominical, servía como líder juvenil y hacía visitas al hospital y casa por casa. Ella representó a su iglesia local en eventos de zona y distrito y participó activamente en campamentos de verano con su grupo juvenil local. Su profunda espiritualidad era evidente para todos.

Fue en eventos a nivel de distrito, como convenciones juveniles y campamentos de verano, que Mario y Raquel se conocieron; una relación que los llevó a enamorarse y comprometerse.

Matrimonio, familia e Inicio de ministerio

Después de la graduación de Mario, en la Escuela Bíblica Nazarena de Puerto Rico,[7] Raquel y Mario se encontraban felizmente casados en 1966.

Ese mismo año, Mario y Raquel fueron asignados a su primer pastorado. Mario sirvió a la iglesia como pastor bivocacional puesto que él ya estaba empleado profesionalmente como enfermero cirujano en un hospital local. Siguieron otras dos experiencias pastorales en Puerto Rico.

Mientras estaban en su segundo pastorado, Raquel enfermó gravemente de asma bronquial. Fue devastador. Ella perdió a su primer hijo por aborto espontáneo. Los problemas de salud persistieron a lo largo de los años. Nada sin embargo la disuadió de trabajar arduamente junto a Mario en su ministerio y formar una familia. Mario y Raquel dijeron: "Dios nos recompensó y finalmente nos regaló a nuestro primer hijo, 'Macky' (Mario Abner)". Con el tiempo, "Dios nos dio a nuestra segunda hija, Raquel Liz". El misionero Harry Zurcher, que fue director del Colegio Bíblico durante el tiempo cuando Mario se preparaba para el ministerio, dedicó a Mario Abner y Raquel Liz al Señor. La influencia, guía y modelaje de este misionero fiel se hizo evidente en la vida y ministerio de Mario.

De acuerdo con la cultura de Puerto Rico, al pedirle al misionero Harry que oficie en la dedicación de sus dos hijos, Mario y Raquel le estaban diciendo a él y a su familia, "Usted es parte de nosotros; somos familia."[8]

Mientras Mario servía en su tercer pastorado en Ponce, la ciudad principal de la parte sur de Puerto Rico, también fue el director de un programa de extensión de educación teológica, recientemente establecido para el área. En asociación con la congregación de Mario se plantaron dos nuevas iglesias en el área.

De regreso a San Antonio, Texas

Pero tenemos que regresar a San Antonio, Texas, donde realmente comenzó la historia de Mario y Raquel como misioneros puertorriqueños.

En retrospectiva, Mario y Raquel consideraron su trabajo en San Antonio como una especie de "primer campo de misión debido a su singular cultura híbrida Tex-Mex-Americana". Esto pudo haber sido un desafío cultural para él y su familia, pero "la aceptación y el apoyo de la congregación hicieron que todo fuera más fácil", recuerda Mario.

Dios bendijo a Mario y Raquel con un ministerio creciente en San Antonio. Muchas almas fueron salvadas, se reportaron milagros de curación, como el de Arturo Valdez que había sido declarado con muerte cerebral.

Cuando Mario regresó de su viaje (Jóvenes en Misión a Venezuela), él compartió con su familia y congregación en San Antonio sobre la forma en que Dios trató con él, y la posibilidad de regresar a Venezuela con su familia para asumir la tarea de misionero como su trabajo principal. Después de haber orado, Raquel y sus hijos estuvieron de acuerdo. Sin embargo, tal como informó Mario, ellos decidieron que no harían planes definitivos para ir, a menos que la congregación también "estuviera de acuerdo" en que el Espíritu Santo estaba dirigiendo a la familia Cintrón a servir en Venezuela. El 'Sí' de la congregación permitió que los Cintrón salieran a donde Dios los estaba guiando.

Informe de Mario sobre Venezuela

Cuando Mario y su familia llegaron al aeropuerto de Caracas para comenzar oficialmente su servicio misionero en el país, recuerda a Juanita Porter diciendo: "Ahora ya hemos completado el equipo". Esas fueron palabras alentadoras para Mario y Raquel. Bill y Juanita fueron ejemplo de un verdadero compromiso con Dios, con la misión de la Iglesia del Nazareno y con su mensaje de santidad. Mario y Raquel fueron testigos de primera mano de la dedicación fiel de los Porters al servir como misioneros al pueblo de Puerto Rico.

Porter, el Director de Misión, les explicó la primera fase del trabajo pionero que incluía dos aspectos. El primero fue la compra de terrenos y la construcción de edificios. Los fondos de alabastro y el programa de construcción de Trabajo y Testimonio serían esenciales. Los misioneros James y Christina Bowling supervisarían la construcción.

El otro aspecto sería gestionar la fusión de varios grupos independientes en Venezuela que ya estaban interesados en unirse a nuestra iglesia para promover el mensaje de santidad en todo el país. Mario y Raquel ayudarían a los Porters en esta urgente tarea.

Los siguientes son los aspectos más destacados del testimonio de Mario sobre su servicio en Venezuela.

- Mario se dio cuenta de que "el primer misionero" en Venezuela fue Radio Misión Mundial (ahora Radiodifusión de Misión Mundial), a través de *La Hora Nazarena*: un programa de radio semanal que llegaba a los 21 países de habla hispana, incluida Venezuela. Este ministerio de radio internacional fue financiado por nazarenos de todas partes por medio de su ofrenda para Radio Misión Mundial. Muchos de los que se unieron a la Iglesia del Nazareno en Venezuela eran oyentes regulares de *La Hora Nazarena*.[9]

- Fue realmente inspirador para Mario conocer de cerca a pastores venezolanos como Jeremías López, un oyente de *La Hora Nazarena*. Él y su grupo de pastores y congregaciones independientes se unieron a nuestra iglesia en lugares como Barquisimeto, Valencia, Maracaibo y Las Piedras. Estaban listos para trabajar junto a los misioneros en lo que Mario consideraba "un verdadero movimiento del Espíritu de Dios". Añade, "Desde el principio, nuestras reuniones fueron fiestas espirituales. Celebramos con alabanzas que los pecadores se arrepintieran, que los creyentes fueran santificados y por aquellos que fueron llamados al ministerio. Todos testificaban con coraje y entusiasmo acerca de las maravillas de Dios en medio de ellos". Parte de la responsabilidad de Mario fue ayudar a estos nuevos pastores y sus congregaciones a conocer mejor las doctrinas nazarenas y el *Manual* de la Iglesia del Nazareno.

- La educación teológica en los centros de extensión (CENETA), atendida por profesores del Seminario en Costa Rica, también fue una parte clave del diseño del trabajo pionero nazareno en Venezuela, al entrenar rápidamente a nuevos pastores para que sirvieran en este campo de misión de rápido crecimiento. Mario sirvió como el primer coordinador de CENETA para Venezuela.

- Otra responsabilidad misionera asignada a Mario fue ayudar con la implementación del Plan Impacto; un proyecto de evangelización, discipulado, plantación de iglesias y desarrollo de la iglesia en la Región de América del Sur bajo el lema "Cada uno gana uno; cada pastor prepara a otro pastor; y cada iglesia planta una nueva iglesia".

- Mario y Raquel apreciaron enormemente a los muchos nazarenos que vinieron desde Puerto Rico para ayudar en los esfuerzos pioneros de nuestra iglesia en Venezuela. En palabras de Mario, ellos fueron "herramientas del Espíritu" en esos primeros días.

- Mario siempre tuvo una profunda y personal nota de gratitud hacia Raquel, su fiel compañera. Raquel fue muy hospitalaria con sus nuevos hermanos y hermanas venezolanos y con aquellos que desde el extranjero visitaban frecuentemente su hogar por asuntos relacionados con la iglesia. Este trabajo de hospitalidad pronto se convirtió en una tarea de 24 horas para Raquel.

- Su gratitud profunda y personal también influenció a sus dos hijos. Macky y Raquel Liz actuaron como misioneros trabajando arduamente en la enseñanza, la música y con la juventud venezolana.

"Cuando salimos de Venezuela, 4 años después de nuestra llegada, había 36 iglesias y misiones nazarenas, algunas con más de 100 asistentes", recuerda Mario, "con más de 140 estudiantes ministeriales en 8 centros CENETA y una asistencia promedio de más de 1,600 en La Escuela Dominical y los cultos de domingo por la mañana".

**

La salud de Raquel comenzó a deteriorarse después de un tiempo. La familia Cintrón necesitaba regresar a los Estados Unidos continentales para que ella recibiera atención médica adicional. Se instalaron en Bethany, Oklahoma, donde sus dos hijos terminaron la secundaria y planeaban asistir a la Universidad Nazarena. Providencialmente, Harry y Helen Zurcher, jubilados para ese entonces y viviendo en esa misma ciudad, fueron de gran ayuda para ayudarlos a establecerse. Estos mentores del pasado estaban listos para ayudar a sus antiguos discípulos en momentos de necesidad. Mario dijo que los Zurchers fueron de "gran bendición para su vida espiritual y social".

La última asignación misionera de Mario y Raquel

Una vez que se establecieron en Bethany, Oklahoma, Raquel pasó por largas pruebas médicas que revelaron que tenía cáncer. Los nazarenos de todas partes, que conocían, amaban y apreciaban a la familia Cintrón - especialmente en Puerto Rico, se unieron en oración y constante apoyo a favor de Raquel y la familia.

La salud de Raquel mejoró y, 18 meses después de comenzar el tratamiento, los médicos le dijeron a Mario que el cáncer estaba controlado. La Junta Médica de Misión Global de la Iglesia les dijo que podían regresar al servicio misionero activo, pero Raquel tendría que regresar a los Estados Unidos para realizarse chequeos médicos al menos cada seis meses. El plan era colocarlos en un país lo suficientemente cercano a los Estados Unidos continentales para facilitar estos chequeos regulares y continuar con la quimioterapia preventiva.

Era 1990, y Jerry Porter, entonces director de la Región México-Centroamérica para la Iglesia del Nazareno, dio la bienvenida a Mario y Raquel a la oficina regional en la ciudad de Guatemala, Guatemala. Mario y Raquel conocían a Jerry desde que era niño pues lo vieron crecer en Puerto Rico como hijo de misioneros.

Jerry asignó a su amigo y colega Mario como director de área (ahora coordinador de estrategia de área) con la responsabilidad de apoyar a los superintendentes de distrito, pastores y otros líderes ministeriales y laicos en el desarrollo de la iglesia, evangelismo, educación teológica, ministerios de compasión y construcción para los países de Guatemala, Honduras y El Salvador. Desafortunadamente, después de varios meses en su nueva asignación misionera, la salud de Raquel empeoró.

Los últimos días de Raquel

Durante un chequeo en Oklahoma, los resultados de las pruebas de Raquel no fueron favorables: una forma agresiva de cáncer había vuelto.

Mario dio la noticia a los muchos nazarenos que seguían la evolución del estado de salud de Raquel: "Le han dado tres o cuatro semanas de vida. Ella quiere regresar a Puerto Rico".

En junio de 1991, Mario llevó a Raquel a su "amado pueblo de Barceloneta, para estar con sus padres, amigos y familia ...".Después de unas pocas semanas, apoyándose en mis brazos y los de sus padres, con una casa llena de familiares y amigos, Raquel entró en la presencia del Salvador".

Raquel había dicho su último "Sí". Los servicios funerales se llevaron a cabo con la asistencia de cientos de personas de toda la isla.

Un testigo ocular dijo, "No parece un funeral, es más como una fiesta. Casi nadie está llorando. Solo hay gratitud y alabanza".

Mario, Macky y Raquel Liz dijeron: "Eso es lo que ella quería ver".

Como sus padres solían decir, Raquel nació para "ser misionera", y su familia, su familia de la iglesia y sus amigos estaban celebrando las muchas veces que dijo "Sí" en su vida.

***

Mario regresó a la ciudad de Guatemala tres semanas después del entierro de Raquel para continuar su servicio misionero. Trató de hacerlo con todo su esfuerzo durante los siguientes meses, pero al final resultó algo imposible. Renunció el 1 de enero de 1992.

"Dejamos semillas sembradas y frutos maduros", dice Mario. "He guardado recuerdos, muchos recuerdos, recuerdos de victorias y triunfos contra el pecado y el mal en este mundo. Alegría y satisfacción y un ministerio realizado".

Información actualizada sobre Mario

Varios años después Mario regresó al ministerio de tiempo completo para pastorear una iglesia en Puerto Rico mientras yo servía como superintendente de distrito. Él se había vuelto a casar, y Betty su nueva esposa, junto con Marbel y Francis, las dos hijas de Mario de este nuevo matrimonio, sirvieron eficazmente en su pastorado allí. Despúes de eso él pasó un tiempo como evangelista itinerante, principalmente en Puerto Rico, Estados Unidos y Canadá, pero también en Venezuela y otros países de América Latina.

Con el pasar del tiempo Mario regresó a San Antonio, diciendo 'Sí', para ayudar en la capacitación ministerial en el Distrito Latino Texas-Oklahoma.

Mario es ahora un presbítero jubilado de la iglesia, pero todavía participa en campañas de avivamiento cuando surge la oportunidad.

Capítulo 4

Isaías 12:5
Canten Salmos al Señor porque
ha hecho maravillas; que esto
se dé a conocer en toda la
Tierra.

Pedro y Justita

Los nombres completos de Pedro y Justita son: Pedro Eduardo Cruz Maldonado y Justita Febo Vázquez.

Pedro

Pedro nació en Utuado, un pintoresco pueblo enclavado en la cordillera central de Puerto Rico. La ciudad es conocida por ser el sitio arqueológico de un asentamiento antiguo de los Taínos, gente pacífica que habitó la isla antes de la llegada de Cristóbal Colón en 1493. Pedro pasó los primeros años de su vida en una pequeña comunidad cercana a este tesoro histórico.

Los padres de Pedro y sus cinco hermanos emigraron a Chicago, Illinois, EUA, cuando tenía tres años. Los problemas extremadamente difíciles en el matrimonio de sus padres terminaron en divorcio. La mala salud de su madre hizo que ella y sus hijos regresaran precipitadamente a su ciudad natal en Puerto Rico. En lugar de ser recibidos con los brazos abiertos, fueron rechazados por familiares y amigos. La madre de Pedro y sus cinco hermanos no tuvieron a dónde llegar por lo que se quedaron en la plaza del pueblo. Su hermano menor tenía solo unos pocos meses.

La agencia de servicios humanitarios de la ciudad colocó a Pedro y sus hermanos en diferentes hogares de crianza en el área. Su madre fue enviada a un sanatorio para recuperarse de la tuberculosis. Pedro recuerda tristemente que pasó varios años viviendo con una familia extraña y sufriendo abusos físicos y emocionales. A sus hermanos tampoco les fue bien con sus padres adoptivos. Esos años fueron una época extremadamente mala en la vida del joven Pedro.

Providencialmente, la madre de Pedro recuperó su salud y se dedicó a reunir a todos sus hijos para formar de nuevo su familia. Un segundo matrimonio con un esposo abusivo también terminó en divorcio. En parte debido a este segundo divorcio, ella decidió mudarse a la capital de la isla en busca de una vida mejor para ella y sus hijos.

Pedro se convierte en nazareno

La madre de Pedro conoció al Señor en la Iglesia del Nazareno de su nuevo vecindario. Pedro tenía 13 años cuando se convirtió a Cristo. Su primer pastor fue el misionero Harry J. Zurcher. El pastor Harry y otros en la iglesia fueron muy influyentes en esta etapa crítica de la vida de Pedro. "Llegué a la iglesia", dijo Pedro, "lleno de conflictos y resentimientos como resultado de mis experiencias traumáticas por el divorcio de mis padres y por haber sido separado de mis hermanos y mi única hermana". Y agregó: "El amor y la aceptación que encontré en la iglesia me impidieron encadenarme a los vicios y al crimen tan frecuentes en mi nuevo vecindario".

Pedro todavía tiene su certificado de bautismo de 1961.

El joven Pedro se unió al coro de la iglesia e inmediatamente se involucró con la música cristiana en general. La música sigue siendo una parte vital de su ministerio en la iglesia.

Justita

Justita, la hija menor de su familia, nació en Carolina, la capital industrial de Puerto Rico, una ciudad ubicada en el noreste de la isla.

Justita conoció al Señor como su Salvador personal por medio de la influencia de su madre y su tío Ángel Vázquez Carrillo, quien en ese momento estaba sirviendo como pastor en otra de nuestras iglesias en San Juan.

Matrimonio y familia

Pedro recuerda que para enamorar a Justita, tuvo que "ser muy hábil para cortejarla bajo circunstancias desafiantes". Justita era la única chica en la familia y "siempre estuvo rodeada de dos padres protectores y cuatro hermanos aún más protectores". ¡Pero Pedro tuvo éxito! Se casaron en junio de 1967. "Dios nos dio tres hijos: Pedro Elías, Darybell y Enid".

Pedro y Justita celebraron recientemente su 50° aniversario de bodas. Cuando la gente les pregunta cómo han podido hacer que su matrimonio dure tanto tiempo, Pedro responde en tono de broma: "¿Qué más podrías esperar? ¡Nuestra boda no fue realizada por uno, ni dos, sino por tres ministros!" (Uno de ellos fue el misionero Bill Porter, que en ese momento estaba sirviendo como superintendente del Distrito de Puerto Rico).

El llamado de Dios y el inicio de su ministerio

Pedro recibió el llamado de Dios al ministerio durante un campamento juvenil en 1964. Aceptar este llamado no fue fácil para Pedro, quien recuerda: "Ya tenía pensado convertirme en un artista gráfico y ganar mucho dinero". Después de mucha lucha espiritual, él dijo 'Sí' al Señor y aceptó el llamado.

Se matriculó en el Colegio Bíblico Nazareno de Puerto Rico para comenzar la capacitación ministerial, mientras completaba sus estudios como artista gráfico y se involucraba en su primera aventura musical fuera de la iglesia local. Él era parte de un cuarteto masculino que ganó popularidad entre las iglesias nazarenas y evangélicas de toda la isla, contó Pedro. Su cuarteto pronto logró su primera grabación. El misionero nazareno Lyle Prescott, un hábil pianista, fue invitado a ser el instrumentista.

Por esa época, Pedro también fue invitado por José Bocanegra, un conocido y querido pastor de una de las congregaciones nazarenas más grandes de la ciudad capital, para convertirse en su pastor asociado. Para sorpresa de Justita, el pastor José también la invitó a ella, la prometida de Pedro en ese momento, a transferir su membresía a su iglesia local, anticipándole que iba a ser capacitada como "¡una futura esposa de pastor!"

Justita terminó la escuela secundaria y completó sus estudios universitarios en ciencias de secretaría.

Justita se había interesado en las misiones nazarenas desde que era niña. Ella recuerda las historias de misioneros que se contaban en el culto misionero mensual, promovido por lo que entonces se llamaba la Sociedad Misionera Nazarena Mundial (ahora Misiones Nazarenas Internacionales). También se familiarizó con los misioneros extranjeros y sus familias que servían en Puerto Rico. "Me inspiraron", dijo, "y soñé con estar algún día en lugares lejanos y extraños sirviendo al Señor".

Poco después de su matrimonio, los Cruz fueron asignados a su primer pastorado y luego a un segundo pastorado, y continuaron madurando en el ministerio.

En 1971, Pedro recibió el llamado de Dios para ser evangelista itinerante. Sirvió en ese rol durante los siguientes siete años, con una carga espiritual especial por la generación más joven que estaba siendo influenciada por la cultura del momento que era moralmente relajada. Combinó la predicación con su canto (como solista) e ilustró sus sermones con sus dibujos artísticos. Su ministerio como evangelista lo llevó a muchos lugares del Caribe, América Central y del Sur y los Estados Unidos continentales, haciendo presentaciones tanto en español como en inglés. Como fue el caso con sus

---

Lyle y Grace Prescott

Lyle Prescott fue un presbítero ordenado en la Iglesia del Nazareno. Él y su esposa Grace sirvieron como misioneros de la Iglesia del Nazareno durante 26 años en Cuba, Puerto Rico y las Islas Vírgenes. Los Prescott sirvieron en Puerto Rico desde 1957 hasta 1961, en ese tiempo Lyle fue superintendente del Distrito de Puerto Rico. Los Prescott tuvieron cuatro hijos: Robert, Delia, Elwood y Ruth. (Durante esos años, Robert Prescott plantó una iglesia en Puerto Rico, sirvió durante cuatro años como misionero nazareno, ayudó a los Ministerios Nazarenos de Compasión y dirigió el departamento de Misiones Nazarenas Internacionales de su distrito). Lyle Prescott murió en un accidente de pesca en 1970, y Grace falleció en 1998.

primeros pastorados, apoyó su ministerio de evangelista itinerante con su trabajo de artista gráfico que era bien remunerado.

Mientras servía como evangelista, nuestra iglesia en "Country Club", un sector adinerado de la ciudad capital, llamó a Pedro como su pastor a tiempo completo, y él respondió con un rotundo 'Sí'. Los Cruz sirvieron fiel y fructíferamente en esta iglesia durante los siguientes ocho años hasta que él fue elegido superintendente de distrito en 1986. Sucedió a Benjamín Román, quien había servido fielmente en ese puesto durante 15 años y quien había llevado al Distrito de Puerto Rico al nivel de autosostenimiento, el primero en alcanzar ese nivel en toda el área del Caribe.

Ministrando "En Lugares Lejanos"

Dios tenía más desafíos de ministerio para Pedro y Justita. El sueño de la infancia de Justita de servir un día como misionera "en lugares lejanos" de repente se concretó. Este es un relato breve y rápido, basado en el testimonio de los Cruz, sobre cómo se dio ese llamado a servir a la Iglesia del Nazareno fuera de Puerto Rico.

Mientras se desempeñaba como superintendente de distrito, Pedro y Justita fueron invitados por la Iglesia del Nazareno a servir como directores de área para Nicaragua, Costa Rica y Panamá, que en ese entonces eran parte de la Región MAC (ahora parte de la Región Mesoamérica). Sus tres hijos en Puerto Rico ya habían crecido, por lo que Pedro y Justita aceptaron la invitación a servir a estos países y su gente como la voluntad de Dios para esa etapa de su ministerio Nazareno.

Bajo el liderazgo del Director Regional Mario Zani, Pedro estuvo involucrado principalmente en la capacitación de líderes nacionales y la implementación de los programas de la denominación.

Esto incluyó programas de evangelismo y discipulado y la plantación de nuevas iglesias. Pedro también sirvió durante algún tiempo como rector temporal de nuestro seminario en Costa Rica durante un período de transición en el liderazgo.

Justita estuvo muy involucrada en despertar la conciencia de los nazarenos para apoyar más a las misiones nazarenas globales en todas partes, con sus oraciones y ofrendas al Fondo para la Evangelización Mundial. También los animó a estar abiertos al llamado de Dios para servir como misioneros en "lugares lejanos". En parte, gracias a estos esfuerzos educativos, Pedro y Justita al terminar su servicio en la Región MAC, creyeron que habían contribuido a lograr una visión más clara de la identidad nazarena.

- En 1997, aceptaron una invitación del Distrito Oeste de Texas para establecer la obra hispana en Lubbock.

- Después de una breve asignación para ayudar a varios distritos de Nueva Inglaterra, a promover el avance de sus ministerios hispanos, Pedro fue llamado a pastorear una Iglesia del Nazareno en Huntsville, Texas. El 'Sí' de Pedro y Justita fue una nueva oportunidad de ministerio para ellos. Su primer idioma era el español y ésta era una congregación de habla inglesa. Era la primera vez que aceptaron el reto de ministrar principalmente en un segundo idioma. En algún punto de su trabajo pastoral, Pedro informó: "La iglesia se multiplica en asistencia, membresía y finanzas. Se han puesto los cimientos para la plantación de una nueva congregación hispana".

- En 2002 vino la invitación para que Pedro y Justita sirvieran como misioneros en Venezuela. Bajo el liderazgo de Bruno Radi, Director Regional de América del Sur, su asignación de trabajo en Venezuela fue muy similar al que tenían cuando se desempeñaron como directores de área en Nicaragua, Costa Rica y Panamá. Ayudaron a los distritos en el desarrollo del liderazgo nacional y la educación ministerial; trabajaron con un excelente grupo de misioneros extranjeros asignados a Venezuela y a la región de América del Sur. "Fue una tremenda bendición", dijo Pedro al finalizar su ministerio allí.

Información actualizada sobre Pedro y Justita

Al regresar a los Estados Unidos en 2014, el Distrito de Tennesse asignó a los Cruz a pastorear una pequeña congregación hispana en el área de Nashville. La iglesia creció bajo su liderazgo, convirtiéndose en "una de las más fuertes del distrito", según dijo Pedro. Añadió: "En algún momento, la iglesia llegó a tener doce diferentes nacionalidades representando a México, América Central, América del Sur y el Caribe". Pedro y Justita, ya en ese entonces misioneros veteranos, se sintieron como en casa en esa "liga de naciones".

Además del trabajo pastoral en el Distrito de Tennesse, Pedro se desempeñó como coordinador del distrito Hispano y enseñó en el Programa Modular de Estudios en español para un grupo creciente de mujeres y hombres llamados por Dios al ministerio.

Justita, siempre la mayor fuente de inspiración y apoyo para Pedro, sirvió donde siempre lo hizo mejor: promoviendo las misiones a través de MNI, Escuela Dominical, Ministerios de Discipulado Internacional y ministerios de mujeres en el área hispana.

Al escribir estas líneas, Pedro y Justita pastorean la Iglesia del Nazareno en Abernathy, Texas, EUA, una congregación de habla inglesa en el Distrito Oeste de Texas, con la visión de llegar a ser una comunidad cada vez más diversa, gracias a la afluencia de personas recién llegadas con trasfondos hispanos principalmente. Pedro normalmente inicia su predicación en la Iglesia de Abernathy cantando un 'solo' con su alta y clara voz de tenor.

Sus dos hijas, Darybell, profesora de inglés como segunda lengua, y Enid, ama de casa, viven con sus familias en ciudades cercanas al oeste de Texas. Pedro Jr., un científico investigador en biología, vive con su familia en el Estado de la Florida, Estados Unidos. Entre pastorear la congregación de Abernathy y disfrutar de la vida de abuelos con sus nueve nietos cercanos y lejanos, Pedro y Justita siguen diciendo 'Sí' al Señor con alegría.

Capítulo 5

1 Corintios 15:10, adaptado
Pero por la gracia de Dios
somos lo que somos, y su
gracia para con nosotros no
fue infructuosa... Aunque, no
nosotros, sino la gracia de Dios
que estuvo con nosotros.

Juan y Noemí

Es un honor compartir nuestros propios testimonios como misioneros internacionales, de origen puertorriqueño, enviados por la Iglesia del Nazareno para servir en otros países. Aunque Noemí y yo somos los últimos en compartir nuestros testimonios en este libro, cronológicamente fuimos los primeros de la isla en servir en esa condición.

Como se muestra en los testimonios anteriores de nuestros colegas, Noemí y yo también estamos en deuda con nuestros mentores de vida y ministerio cristiano. Algunos de ellos, particularmente los misioneros nacidos en el extranjero que vivieron en Puerto Rico podrían ser familiares para usted, su familia extendida o sus amigos en la iglesia local.

Mi nombre completo y el de mi esposa son Ramón Vázquez Pla y Noemí Quintana García. En los países de habla hispana, cuando es necesario, decimos el nombre completo de una persona como si estuviéramos apresurados. Si en su cultura, los nombres son más cortos, trate de decir los nuestros como si estuviera apresurado y vea lo que sucede.

Noemí

Noemí nació en Ponce, "La Perla del Sur" como se le llama popularmente a la ciudad principal del sur de Puerto Rico. Ella fue la quinta de nueve hermanos nacidos de Jorge y Mariana, propietarios de un pequeño negocio. Su cafetería vendía lo que se consideraba como las mejores papas fritas puertorriqueñas y el mejor refresco mabí[10] de la ciudad (ambas fórmulas originales).

Noemí entregó su vida a Cristo cuando tenía 12 años en la Iglesia del Nazareno de su comunidad. Poco antes de que conociera nuestra iglesia, la congregación inauguró un edificio completamente nuevo construido con ofrendas de alabastro. Noemí le ha dicho a la gente en todas partes que ella es "una Joven Nazarena de Alabastro".

Juan

Nací en San Juan, la capital de Puerto Rico. Yo fui el sexto de siete hijos nacidos de Ramón y Julia; él un artesano, y ella una costurera de oficio.

Mi madre nos llevó a mí y a mis hermanos a la Iglesia del Nazareno cuando tenía tres años. Era 1943 cuando ella, una madre divorciada con seis hijos, se había reconciliado recientemente con Cristo. En ese mismo año, la Junta General de la Iglesia del Nazareno designó a Puerto Rico como un Campo de Misión Global.

Mi madre era una mujer de gran vitalidad, entusiasmada por ver que la Iglesia del Nazareno se multiplique. Cuando tenía 17 años, nuestra familia ya había sido miembro fundador de otras tres iglesias nazarenas en el área metropolitana de San Juan. José Bocanegra y Ángel Vázquez Carrillo, los plantadores de iglesias en el área, se convertirían en mis primeros dos mentores en el ministerio.

Conocí a Cristo como mi Salvador personal cuando tenía 14 años (en un campamento para la familia) con el misionero Lyle Prescott, el evangelista visitante. Él estaba sirviendo a la iglesia en Cuba. Nunca he olvidado la forma en que desafió a todos los campistas a tener una relación personal con Cristo. Usando sus habilidades con las tijeras y papel nos sorprendió con una invitación conmovedora para recibir a Cristo.

Nuestro llamado al ministerio cristiano

Antes de recibir nuestro llamado al ministerio cristiano, y después de haber nacido de nuevo en Cristo Jesús, tanto Noemí como yo habíamos sido bendecidos mediante la experiencia personal del derramamiento del amor de Dios sobre nuestros corazones por medio de su Espíritu Santo (Romanos 5:1-5). En cuanto a nuestro llamado, ambos entendimos que inicialmente era un llamado al ministerio pastoral. (Noemí insiste que, en su caso, fue un llamado a "ser la esposa del pastor", pero como se verá incluía otras áreas del ministerio también).

Noemí recibió su llamado cuando tenía 14 años. Aún a su corta edad, ella servía fervientemente al Señor en su iglesia local. Noemí dice, "Enseñé en la Escuela Dominical y participé activamente con otros en servicios de misión. Salíamos a visitar puerta a puerta en el vecindario, organizamos reuniones en sus casas, predicamos al aire libre en las calles, e invitamos y enseñamos a niños en la Escuela Bíblica de Vacaciones. ¡Qué momento tan maravilloso de mi vida!"

En cuanto a mí, recibí mi llamado al ministerio cristiano cuando tenía 17 años. Yo ya había estado profundamente comprometido con el ministerio cristiano en la iglesia, tanto a nivel local como a nivel de distrito en varias áreas, inclusive fui el presidente de nuestra Sociedad Nazarena de Jóvenes (ahora Juventud Nazarena Internacional).

A nivel de distrito, tocaba el trombón en la banda de la Escuela Bíblica Nazarena de Puerto Rico, dirigida por el misionero William "Bill" Porter, recientemente llegado. El misionero Bill, un músico consumado, fue mi maestro de trombón, y Juanita su esposa, fue mi profesora de piano.

En uno de mis viajes con el misionero Bill a uno de los eventos de la banda, él me sorprendió, de alguna manera, con esta pregunta: "Juan, ¿alguna vez has pensado en que el Señor te llame al ministerio?" Acababa de terminar la escuela secundaria como el mejor alumno de mi promoción y me había matriculado en la Universidad de Puerto Rico con una beca académica completa para especializarme en administración de empresas. Mi plan era convertirme en empresario al graduarme.

Con todo, el misionero Bill me dijo que orara sobre este llamado al ministerio cristiano y que él también estaría orando conmigo al respecto. Pocos meses después yo estaba testificando al misionero Bill, a mi madre, mi pastor y a otros amigos, de mi llamado al ministerio pastoral.

Matrimonio, familia e Inicio de ministerio

Noemí y yo nos conocimos en una convención juvenil de distrito. ¡Fue amor a primera vista! Dos años después estuvimos felizmente casados en 1961. Fuimos honrados de que tres ministros oficiaran en nuestra boda: Domingo Rivera, el pastor de Noemí; José Bocanegra, mi pastor de infancia; y el misionero Bill Porter, entonces director de misión del trabajo nazareno en Puerto Rico. El misionero Harry J. Zurcher, con su habilidad única para manejar una cámara muy bonita, fue nuestro fotógrafo oficial.

Nuestros primeros pastorados

Antes de que Noemí y yo nos casáramos, el misionero Lyle Prescott, quien recientemente había sido transferido desde Cuba a Puerto Rico y quien estaba sirviendo como nuestro director de misión, me había asignado a mi primer pastorado cuando tenía 19 años.

Nuestro primer pastorado juntos, un año más tarde, empezó en nuestra iglesia en Barceloneta, la ciudad costera del norte mencionada anteriormente en este libro. Noemí y yo fuimos bien recibidos por un grupo maravilloso de nazarenos. Algunos de los miembros de la iglesia nos ayudaron a familiarizarnos con su fábrica de azúcar, sus campos de piña dulce, y nos enseñaron a capturar cangrejos cerca de la orilla del río, a altas horas de la noche.

Aunque, en el ambiente evangélico de Puerto Rico en la década de 1960, la idea de que una pareja pastoree una iglesia era algo inaudito, nosotros siempre asumimos nuestro ministerio pastoral juntos. De hecho, Noemí fue la primera mujer nazarena en recibir la licencia de ministro de distrito en la historia de la Iglesia del Nazareno en Puerto Rico.

Durante nuestro fructífero pastorado en el centro de Barceloneta, conocimos a una joven de 16 años llamada Raquel Reyes, quien junto con su futuro esposo Mario, con el tiempo llegarían a ser misioneros nazarenos en otros países. (Su testimonio se halla en un capítulo anterior de este libro).

Tres años más tarde fuimos transferidos a nuestra iglesia en Barrazas, un enclave rural en la majestuosa cordillera oriental de El Yunque, el único bosque tropical dentro y fuera de los Estados Unidos continentales.

Mientras pastoreábamos nuestra iglesia, dimos la bienvenida a nuestros dos primeros hijos en la familia, Juan Marcos y Jorge Enoc.

Gracias al crecimiento constante y la mayordomía cristiana fiel de esta joven congregación, durante nuestro pastorado nos convertimos en la primera iglesia auto sostenida en la isla con un pastor a tiempo completo.

Promoviendo la capacitación ministerial

Dios abrió puertas para ir a los Estados Unidos continentales y continuar mi capacitación ministerial.

Primero asistí a nuestro Colegio Bíblico en Puerto Rico, luego al Seminario Nazareno Hispanoamericano en San Antonio, Texas, y luego a Bethany Nazarene College (ahora Southern Nazarene University), en Bethany, Oklahoma. Allí tuve la oportunidad de completar mi curso de estudio ministerial, una licenciatura de artes en filosofía y una maestría en religión.

Mientras estábamos en nuestra escuela en San Antonio, tuve el privilegio de estudiar con José Rodírguez, discípulo de H. Orton Wiley. En nuestra escuela en Bethany, tuve el privilegio de estudiar con los profesores Rob Staples y Don Owens, este último recientemente llegado de su servicio misionero en Corea. Estos dedicados profesores nazarenos de educación superior, y otros como ellos, fueron una inspiración para mí y para Noemí debido a su fiel servicio cristiano al Señor y a la iglesia.

Pioneros en el movimiento de santidad occidental de Puerto Rico

Cuando Noemí y yo estábamos buscando la guía de Dios para el ministerio después de completar mi trabajo de postgrado, orando y en consulta con nuestros líderes en Puerto Rico, nos ofrecimos como voluntarios para ser pioneros del movimiento de santidad en la parte occidental de la isla. La Iglesia del Nazareno había estado predicando su mensaje de santidad durante casi 30 años en la isla, sin embargo, ningún trabajo de ninguna denominación de santidad se había establecido en la zona occidental.

Como voluntarios para plantar la iglesia, Noemí y yo tendríamos que convertirnos en "hacedores de tiendas" (encontrar un trabajo secular para sostener a nuestra familia y financiar en parte los esfuerzos para empezar la iglesia en el área). Cómo Dios juntaría, lo que a primera vista parecía un rompecabezas, estaba por verse.

Después de explorar varias opciones con los líderes de nuestro distrito, se decidió que comenzáramos los cultos del domingo por la mañana en Aguadilla, la ciudad principal en el extremo noroeste de Puerto Rico y residencia de una base grande de la fuerza militar aérea del gobierno de los Estados Unidos. Había dos familias nazarenas entre el personal militar allí, los Andersons y los Santanas, originalmente del estado de Texas. Estaban dispuestos a abrir sus hogares y apoyar nuestros esfuerzos para plantar la iglesia en la base y entre la gente civil de la ciudad.

Yo predicaría en inglés a un nuevo grupo de la base, y en español a un nuevo grupo de la ciudad. Luis y Adelaida Acosta y sus hijos, una familia nazarena puertorriqueña de una de nuestras iglesias en la ciudad capital, se había mudado recientemente a Aguadilla y abrieron su casa para nuestros primeros cultos en español.

¿Qué pasó con mi trabajo secular como "hacedor de tiendas"? Providencialmente, fue un puesto como instructor de religión en la Universidad Interamericana, la universidad privada más grande de la isla. Durante mi tiempo como instructor en la universidad, Dios por su gracia trajo a algunos de mis estudiantes a Cristo y a la Iglesia del Nazareno local.

Cuando salimos de la iglesia madre en Aguadilla, casi 10 años después, la congregación de habla inglesa se había dispersado debido al cierre de la base militar. Sin embargo, la congregación de habla hispana había iniciado seis iglesias hijas, proyectos de misión en casa, y puntos de predicación estables en el área oeste de Puerto Rico. Todo el personal ministerial necesario para este movimiento de santidad de rápida expansión había sido llamado por Dios y capacitado en el curso ministerial de estudios por medio de nazarenos del lugar.

Profesionales en el campo de la radio, que más tarde se convirtieron en nazarenos, ayudaron en el sólido ministerio de radio que benefició en gran manera nuestro trabajo pionero de santidad en la isla.

Oseas Gedeón, nuestro hijo menor, fue felizmente bienvenido a la familia, durante este tiempo de servicio en el área oeste de Puerto Rico.

Servicio misionero en otros países

Desde el comienzo de nuestro llamado y nuestro ministerio, sentimos que nuestro compromiso con la Gran Comisión significaba literalmente lo que decía. Si se presentaba una oportunidad, queríamos que nuestros corazones estuvieran abiertos para servir a la iglesia, más allá de nuestra Jerusalén, nuestra Judea y nuestra Samaria, y en las palabras de nuestro Señor resucitado en Hechos 1:8, hasta "los confines de la Tierra". Lo que sigue es un resumen de las puertas que la denominación nos abrió para cumplir ese deseo durante los siguientes 17 años.

- A fines de la década de 1970, mi compañero de banda de la Escuela Bíblica Nazarena de Puerto Rico (que tocaba el cuerno francés como su padre), Jerry Porter misionero internacional en la iglesia, fue nombrado rector de nuestro seminario en Costa Rica. Consultó con nosotros y con el Departamento de Misión Mundial (ahora Misión Global) la posibilidad de invitarme a ser parte de su facultad. La iglesia estuvo de acuerdo, y mi familia y yo pronto nos mudamos a Costa Rica, "la Suiza de América Central". Nuestro servicio a la iglesia en el extranjero había comenzado. Algunos países centroamericanos estaban pasando por guerras civiles; toda la región estaba en crisis. Mi familia y yo pronto sentimos el impacto de esta inquietante atmósfera política en nuestras vidas. En una ocasión, al cruzar la frontera en uno de los países, ¡fui encarcelado temporalmente al ser identificado por la policía fronteriza como un misionero nazareno!

- Mi ministerio de enseñanza en el entrenamiento de pastores en lo que más tarde se conoció como Seminario Nazareno de las Américas, incluyó servir como profesor visitante en su programa de educación teológica por extensión (CENETA), recientemente inaugurado. Este ministerio de enseñanza me llevó a la mayoría de los países de habla hispana en el Nuevo Mundo.

- A principios de la década de 1980, se me ofreció otra oportunidad extraordinaria para el servicio misionero en la iglesia. Sería parte de una nueva aventura conjunta entre el seminario y Radio Misión Mundial (ahora Transmisión de Misión Mundial), en ese entonces bajo la dirección de Ray Hendrix, hijo de ex misioneros en América Latina y el Caribe. Debido a mi experiencia previa en el ministerio de radio en Puerto Rico, fui invitado a ser el orador y productor de *La Hora Nazarena*, la voz oficial de la radio de la Iglesia del Nazareno. Se emitió en 300 estaciones de radio en todo el mundo de habla hispana, incluidos España y los Estados Unidos. Los estudiantes del seminario, al ayudar con el seguimiento de nuestros oyentes por correo, recibieron dinero para becas y se capacitaron en diferentes áreas del ministerio de radio y en comunicación cristiana masiva. Noemí supervisó el trabajo de seguimiento por correo que realizaron los estudiantes. Se recibían cientos de cartas cada mes. En algún punto, contabilizamos 800 oyentes de radio inscritos en nuestro curso bíblico por correspondencia para nuevos creyentes. Como se mencionó en un capítulo anterior, providencialmente fue a través de ese trabajo de seguimiento con nuestros radio oyentes que se establecieron contactos iniciales con grupos independientes de santidad para comenzar el trabajo de la Iglesia del Nazareno en Venezuela.

- Durante una ausencia temporal de mi trabajo en Costa Rica, fui invitado a servir en Publicaciones Internacionales (ahora Publicaciones Nazarenas Globales) como director editorial en español. Mi trabajo incluyó publicaciones periódicas para adultos de la iglesia de habla hispana en todo el mundo. Mi familia y yo nos mudamos a la sede de la denominación, ubicado en ese entonces en Kansas City, Missouri.

- En 1989, Noemí y yo fuimos asignados a servir en la Oficina Regional del Caribe (hoy parte de la Región Mesoamérica) bajo James Hudson, veterano administrador de misión y Director Regional. La oficina regional se encontraba entonces en Miami, Florida, "la ciudad capital del Caribe", como muchos la llaman. Debía ayudar al director regional con la implementación de todos los programas y proyectos denominacionales en la región. Servimos a 28 distritos, 800 iglesias y 4 centros de capacitación ministerial en residencia en 5 idiomas: español, inglés, francés creol, francés y holandés. Noemí apoyó este ministerio de la oficina regional en todas las formas en que se le pidió y con frecuencia viajó conmigo para ayudar con el ministerio de mujeres en el área. Durante nuestro tiempo de servicio en la Oficina Regional del Caribe, el huracán Andrew golpeó el área siendo uno de los desastres naturales más grandes y costosos en la historia de los Estados Unidos hasta la fecha. Nuestra hermosa casa fue destrozada totalmente, pero los nazarenos de todo el mundo se unieron para ayudar a establecernos nuevamente. Continuamos sirviendo a la Región hasta la finalización de nuestra asignación allí.

- Nuestra siguiente asignación fue para nuestros queridos nazarenos en México. Yo era el administrador de misión y Noemí trabajó en el Programa de Becas Infantil. Fue en ese momento que vino nuestra próxima oportunidad para decir 'Sí'.

- El Distrito Este de Puerto Rico me eligió como superintendente de distrito en la primera votación. Después de más de 15 años de servir a nuestra iglesia y su doctrina de santidad como misioneros extranjeros, orando, sentimos en nuestros corazones que era hora de regresar a nuestra querida isla. Nuestro hogar estaba con los nazarenos puertorriqueños que habían apoyado fielmente a las misiones con sus oraciones y ofrendas sacrificiales mientras Noemí y yo estábamos en el extranjero. Servimos a nuestro distrito hasta mi jubilación y hasta que Noemí terminara su fructífero pastorado en una de nuestras iglesias locales.

Información actualizada sobre nosotros

Estamos escribiendo nuestro testimonio desde un lugar residencial periférico en el área metropolitana de Dallas / Fort Worth, en Texas, donde vivimos con nuestro hijo más joven Oseas y su familia.

Después de nuestro retiro del ministerio activo en Puerto Rico, recibimos un "llamado" más. Esta vez fue el de nuestros tres hijos amorosos. Nuestros tres hijos se habían establecido profesional y familiarmente en los Estados Unidos continentales. Querían que estuviésemos cerca de ellos y nosotros lo queríamos también. Juan Marcos y su esposa Danna, Jorge Enoc y su esposa Mayela, y Oseas Gedeón y su esposa Janet, son cristianos comprometidos y nos han bendecido con seis nietos y dos bisnietos.

De vuelta a los Estados Unidos esta última vez, nos instalamos en Oklahoma City, Oklahoma, donde vivían dos de nuestros hijos y sus familias.

Mientras disfrutábamos de la vida familiar juntos, Noemí fue invitada por el pastor David Gallimore para ayudar a la Iglesia del Nazareno de Western Oaks, a iniciar un ministerio latino como parte de los esfuerzos multiculturales de esa iglesia local para alcanzar a una comunidad diversa y creciente. Yo fui invitado a servir como coordinador hispano del Distrito del Suroeste de Oklahoma bajo el Superintendente del Distrito Carl Summer y como reclutador de estudiantes latinos para la universidad, Southern Nazarene University. Pasamos ocho años adicionales sirviendo a nuestra iglesia en estas y otras tareas a medida que las necesidades surgían.

Ahora somos presbíteros "oficialmente" jubilados en el Distrito Oeste de Texas. Hasta el momento, Noemí y yo hemos estado en el ministerio de la Iglesia del Nazareno durante 56 años. Estamos activos en nuestra iglesia local. También trabajamos desde casa principalmente en los medios impresos de misión y seguimos diciendo 'Sí' cuando el Señor lo indica.

Capítulo 6
Misioneros al salón de la fama de Puerto Ricoe

2 Timoteo 2:2. Lo que me has oído decir en presencia de muchos testigos, encomiéndalo a creyentes dignos de confianza, que a su vez estén capacitados para enseñar a otros.

Ojalá que un día, mis colegas misioneros presentados en este libro y yo, o quizás alguien de una futura generación, tengan la oportunidad de reunir todos los nombres y testimonios de nazarenos originarios de Puerto Rico que han servido fielmente al Señor de la Gran Comisión, en los Estados Unidos y en otros países a lo largo de los años. Como recordarán del segundo capítulo de este libro, algunos de sus nombres y trabajo pionero para la Iglesia del Nazareno datan de la década de 1950.

Este fue el caso, por ejemplo, del pastor Alberto Espada Matta y su trabajo pionero en el área de Nueva Inglaterra en los Estados Unidos. Los nombres de estos nazarenos puertorriqueños de épocas pasadas son muchos, y todos merecen un lugar en un futuro salón de la fama. Fueron "misioneros" consumados.

Y luego están aquellos misioneros voluntarios puertorriqueños más recientes, como la difunta Sylvette Rivera Geeding (quien se casó con el capellán Dan Geeding de Wisconsin), quien se convirtió para muchos de nosotros en la personificación de Misiones Nazarenas Internacionales, por su pasión por servir, educar, promover e inspirar a otros para las misiones en todas partes. También se debería escribir un libro sobre su vida sacrificial de servicio a los demás.

Hoy, los ministros y laicos nazarenos de Puerto Rico, ya sean voluntarios, bivocacionales o trabajadores de tiempo completo, todavía salen de la isla para involucrarse en la evangelización, en plantar y desarrollar iglesias, y apoyar al avance misionero de la Iglesia del Nazareno en los Estados Unidos y otros lugares. Sin dudas continuarán haciéndolo en el futuro. Las misiones están en el ADN de los nazarenos puertorriqueños, y parte de ese ADN es la voluntad de decir 'Sí'.

Sin embargo, este libro tiene la intención de honrar a muchos de los misioneros nacidos en el extranjero que en algún momento de sus vidas vinieron a Puerto Rico para servir a nuestra gente por un período de casi 50 años. Vinieron a nosotros, con nuestras creencias distintivas, valores y costumbres. En la medida de sus posibilidades, conocieron cómo piensan, sienten y se comportan los puertorriqueños. Y lo hicieron con un objetivo en mente: hacer discípulos semejantes a Cristo entre nosotros. Ya era hora de que los honráramos colocándolos en nuestro propio salón de la fama, para agradecerles por decir 'Sí'.

Nuestro "Salón de la Fama de los Misioneros de Puerto Rico" contiene una lista completa (a nuestro entender) de sus nombres y años de servicio en la isla.

Nosotros, las cuatro parejas misioneras de Puerto Rico destacadas en este libro, no llegamos a conocer a todos los misioneros internacionales en la lista. No tuvimos la oportunidad de trabajar con todos ellos en el ministerio en la isla. Algunos de ellos aún viven y otros ya están con el Señor. Pero es importante que todos sus nombres sean incluidos en este "Salón de la fama", no solo para nosotros como puertorriqueños, sino para ustedes como nuestros lectores.

Algunos de sus nombres pueden ser familiares. De hecho, usted, sus padres e incluso sus abuelos pueden haberlos apoyado en oración y mediante sus fieles donativos al Fondo para la Evangelización Mundial y Especiales de Misión, y se regocijarán al encontrar sus nombres en nuestro "Salón de la Fama de Misioneros en Puerto Rico."

"Como está escrito: '¡Cuán hermosos son los pies de aquellos que traen buenas noticias!'" (Romanos 10:15).

Misioneros al salón de la fama de Puerto Rico

(En orden alfabético)

Nombres	Años de servicio en Puerto Rico
Kenneth y Ruth Carney	1988-1990
Victor y Nancy Dunton	1984-1988
Harold y Gladys Hampton	1952-1958
Cleve y Juanita James	1965-1973
John y Naomi Lewis	1970-1973
Samuel y Evelyn Ovando	2004-2008
O. K. y Ruth Perkinson	1981-1985
William "Bill" y Juanita Porter	1954-1976
Lyle y Grace Prescott	1957-1961
Herbert y Alice Ratcliff	1966-1972
Steve y Judith Ratlief	1975-1976
Edward y Ruth Wyman	1964-1967
Harry y Helen Zurcher	1958-1973

Epílogo

¿Responderá con un 'Sí' al llamado a las misiones?

En el prefacio de este libro, usted leyó lo que Jerry D. Porter, nuestro Superintendente General Emérito "Boricua" (criado en Puerto Rico), dijo en su pedido apasionado para que más nazarenos respondan al llamado de Dios al servicio misionero.

En el Capítulo 2, compartimos con usted los testimonios de Ramón y Blanca y su llamado a servir como misioneros internacionales en la Iglesia del Nazareno y su fiel servicio como resultado de ese llamado.

Como recordará los Sierra ya han regresado a Puerto Rico, y Ramón se desempeña activamente como superintendente del Distrito Oeste de Puerto Rico. Al igual que Jerry (todo el mundo lo llama cariñosamente por su nombre de pila en nuestra isla), Ramón y Blanca siguen apasionados y esperanzados de que más nazarenos respondan al llamado misionero desde el Norte Global, así como desde el Sur Global. Creo que es apropiado que incluyamos como epílogo la súplica de Ramón y Blanca al respecto. Viene desde el fondo de sus corazones. Supliquemos junto con ellos:

Queremos desafiar a nuestros jóvenes a poner sus dones y habilidades en las manos de Dios y ponerlos a disposición de la Iglesia. Que seamos sensibles y atentos a la voz de Dios que está llamando al ministerio. Anticipamos para el futuro un ejército de misioneros... yendo al mundo para compartir el amor de Cristo.

Haga algo al respecto

- La Iglesia del Nazareno en Puerto Rico siempre ha estado entusiasmada con las misiones nazarenas y ha apoyado fielmente a las misiones en oración, educación y ofrendando a lo largo de sus más de 70 años de historia. ¿Se unirá a ellos?
  - Ore diariamente por la Iglesia del Nazareno en todo el mundo.
  - Aprenda sobre lo que Dios está haciendo globalmente a través de la Iglesia del Nazareno para orar más conscientemente.
  - Tenemos oportunidades, como el Fondo Para la Evangelización Mundial, para ayuda a promover el evangelio por medio de la Iglesia del Nazareno. Participe activamente en el apoyo financiero de misiones.
  - Anime a los niños, jóvenes y adultos para que participen apoyando a las misiones y a estando dispuestos a decir "Sí" en caso de que el Señor los llame a servir de manera transcultural.
- Como se enfatiza a lo largo de este libro, un número creciente de misioneros del Sur Global crean nuevas oportunidades de misiones. ¿Qué puede hacer su iglesia o usted, como individuo, para apoyar a esas personas y sus ministerios?
- El ex misionero internacional Howard Culbertson ha escrito en la revista *Engage* (*Involúcrate*) un artículo bastante perspicaz sobre ser una iglesia que envía.[11]

Es frecuente que la gente piense que la única forma de participar en el evangelismo hasta los confines de la Tierra es volando a otro país... "Ir" es solo una forma de participar en la misión mundial. De hecho, aquellos que dejan su casa para convertirse en misioneros de carrera necesitan un grupo de patrocinadores consagrados y entusiastas en su país... [Culbertson y otros sugieren que a la luz de pasajes como Romanos 10:15 y 3 Juan 7, ellos podrían llamarse "*los que envían*".]

¿En qué manera *los que envían* apoyan y cuidan a los misioneros?...Con toda seguridad se necesita dinero para el evangelismo mundial, sin embargo, *los que envían* pueden y deben hacer más que dar dinero. Por ejemplo, en casi todas las cartas de Pablo, él pidió a *aquellos que lo enviaron* a que oraran por su ministerio ...

Además de orar, *los que envían*, contribuyen al cumplimiento de la Gran Comisión, haciendo cosas básicas como mantener actualizados los tableros de anuncios de misiones, hasta otras más complejas como conseguir y enviar equipos y suministros necesarios. Hay una variedad de dones y talentos que pueden ser utilizados para facilitar el trabajo de los misioneros que sirven en lugares distantes.

Aquí hay media docena de áreas en las que *los que envían* pueden apoyar a los misioneros:

— Apoyo emocional. Estímulo a través de correos electrónicos, tarjetas, conversaciones por Skype (donde sea posible), asistiendo a reuniones de misión, y más.
— Movilización. Aumentando la conciencia de misiones globales en la propia iglesia local o el distrito.
— Apoyo financiero. Dando y animando a otros a dar.
— Oración de intercesión por el evangelismo mundial. Orando e invitando a otros a orar.

— Ayuda logística. Proporcionando vivienda y transporte para misioneros con asignación en casa, haciendo arreglos para envíos, preparando eventos y más.

— Apoyo en la re-inserción. Ser un"confidente", ayudar a misioneros que regresan a empezar de nuevo, y más.

Los que envían son conocidos por estar tan apasionados en apoyar a los misioneros que ajustan su estilo de vida para orar más, servir más y dar más.

Séa *uno que envía*. Impacte a los "confines de la Tierra" desde su propia casa.

- Séa creativo para promover el apoyo a las misiones. Cuando era niño, mi madre Julia, fue una ferviente promotora de misiones globales en la iglesia local y se le ocurría todo tipo de ideas simples pero efectivas, para impulsar las misiones globales al estilo puertorriqueño. En un libro sobre misiones en Puerto Rico, escrito por Bill y Juanita Porter, ella fue reconocida como la campeona en recaudar fondos para la misión.

- Tenga fe en lo que usted y su iglesia pueden hacer. Elabore un plan y sígalo.

Notas finales

Mientras el equipo editorial de Misiones Nazarenas Internacionales (MNI) preparaba este libro para su publicación en el Centro de Ministerio Global de la Iglesia del Nazareno, las trágicas noticias sobre Puerto Rico estallaron en todo el mundo. Permítame actualizarle brevemente sobre esta dolorosa situación desde mi propia perspectiva.

"María", el huracán llamado así por la Oficina de Meteorología, con velocidades de viento de hasta 247 kilómetros (155 millas) por hora, golpeó a Puerto Rico y otras partes del Caribe. La devastación no tuvo precedentes.

La temporada de huracanes en los trópicos fue particularmente destructiva en 2017. Trágicamente, al momento de escribir esto, muchas muertes relacionadas con huracanes y miles y miles de víctimas desplazadas continúan siendo reportadas en muchas áreas afectadas. Las pérdidas materiales están en miles de millones de dólares. Se cree que Puerto Rico, un territorio de los Estados Unidos habitado por 3.4 millones de personas, fue el más afectado:

- El sistema eléctrico fue completamente destruido, y se estima que se necesita al menos tres meses para restaurar la energía en la mayor parte de la isla. A mediados de Enero de 2018, se informó que el 40 por ciento de los residentes aún no tenían electricidad.[12]

- Por precaución, las agencias gubernamentales locales y federales aún recomiendan que las personas tengan cuidado al entrar en contacto directo con fuentes de agua.[13] Los funcionarios de salud han advertido sobre una epidemia potencial relacionada con enfermedades ocasionadas por agua contaminada.

- Los expertos en salud mental han observado que las personas más vulnerables, especialmente los niños y los ancianos, muestran signos de confusión y angustia mental y emocional.

A pesar de eso, la providencia de Dios se manifiesta a través de la solidaridad humana masiva en innumerables maneras. Muchas agencias y países están ofreciendo su ayuda con esfuerzos de asistencia, recuperación y reconstrucción a largo plazo en Puerto Rico y para los puertorriqueños. El gobierno de los Estados Unidos y su gente generosa están liderando en este esfuerzo. Se satisfacen necesidades básicas como agua potable y alimentos y los refugios permanecen abiertos.

Todos nosotros, las cuatro parejas de misioneros puertorriqueños presentados en este libro, somos miembros de grandes familias extendidas en la isla. Providencialmente, no se han reportado muertes relacionadas con huracanes entre ninguno de nuestros parientes o entre nuestra familia nazarena puertorriqueña. Sin embargo, tanto Andrés Hernández, superintendente del Distrito Este de Puerto Rico, como Ramón Sierra, superintendente del Distrito Oeste de Puerto Rico, informaron sobre daños extensos a la propiedad de la iglesia:

- Al menos dos edificios de la iglesia en el Distrito Este fueron severamente dañados.
- El Distrito Oeste parece haber sido el más golpeado. Ramón Sierra informa lo siguiente: "La mayoría de nuestras iglesias

sufrieron daños, pero seis de ellas y nuestros campamentos sufrieron el mayor daño. Muchas de las comunidades que rodean nuestras iglesias y muchas de las familias de nuestra iglesia sufrieron pérdidas considerables en sus hogares".

- En medio de esta crisis generalizada, Sierra agrega: "Nuestras iglesias continúan reuniéndose para adorar y ministrar a la comunidad de maneras nuevas e innovadoras". Los nazarenos del Distrito Este informan de una movilización compasiva similar para servir a sus comunidades y a aquellos que están en la más profunda necesidad.

La respuesta del Centro de Ministerio Global y de la Oficina Regional de Mesoamérica ha sido abrumadora a medida que los nazarenos de todo el mundo donan al Fondo Global de Ayuda de Emergencia. Unos días después de la tormenta, los suministros de ayuda humanitaria fueron enviados a Puerto Rico por grupos que trabajan en colaboración con los Ministerios Nazarenos de Compasión, incluidos *Heart to Heart International*, *Convoy of Hope* y *World Relief.* Los equipos de Trabajo y Testimonio están listos para ayudar en la reconstrucción de templos tan pronto como las condiciones sean adecuadas, lo que incluye la disponibilidad de materiales de construcción, ahora escasos.

Al igual que muchos pueblos en el Caribe durante la temporada de huracanes cada año, *los Boricuas* (que significa "hijos de los valientes y nobles señores" en el idioma precolombino de Puerto Rico) no son del todo tomados por sorpresa en situaciones de desastres naturales como éste. Un promedio de 10 tormentas visitan el área cada año, principalmente originadas en el desierto del Sahara en el Norte de África. Todos los misioneros nacidos en el extranjero, que honramos como nuestros mentores en este libro y sus familias, soportaron huracanes con nosotros durante los 40 y más años que sirvieron en Puerto Rico.

El Superintendente General Emérito Jerry D. Porter me puso copia de su respuesta a un correo electrónico que recibió de un amigo sobre nuestra devastada isla. Como lo he mencionado, Jerry creció en Puerto Rico desde que fue un niño misionero. Afectuosamente le dice a su amigo, que está orando "para que el amor tangible de Dios fluya a *la Isla Bendita*[14] por medio de personas de todas partes".

Al concluir este breve informe sobre el huracán María, sé que muchos nazarenos en todas partes continuarán orando para que el amor de Dios siga fluyendo a nuestra querida isla de tantas formas tangibles como sea posible. Los puertorriqueños son personas agradecidas, y más pronto que tarde, cuando se re establezcan, querrán ver el amor de Dios fluyendo en la dirección opuesta, desde Puerto Rico hacia otros lugares en necesidad.

Los nazarenos *Boricuas* siempre han estado entusiasmados con el cumplimiento de la Gran Comisión de Jesucristo, su bendito Señor y Salvador. Aunque al momento de escribir esto la mayor parte de la isla permanece sin luz, los nazarenos saben que Jesús es "la luz del mundo" (Juan 8:12). Aunque todavía hay escasez de agua, saben que Jesús siempre será "una fuente de agua que brota para vida eterna" para aquellos que creen en Él (Juan 4:14).

Los nazarenos puertorriqueños continuarán proclamando a Jesucristo y el mensaje de santidad en la isla en el poder del Espíritu Santo. Ellos siempre apoyarán la misión de Dios en todo el mundo a través de sus ofrendas y, sí, con más de ellos siendo enviados como misioneros al extranjero. Quieren que su 'Sí' sea contagioso.

Notas

1. Los puertorriqueños a menudo llaman a la isla: "Borinquen". Una derivación de Borikén, su nombre indígena Taíno, que significa "Tierra del Señor Valiente, o Valiente y Noble".

2. "Boricua", o el plural "Boricuas", es otro nombre para una persona nativa de Puerto Rico o para sus descendientes que han nacidos y viven en distintos países. Fue el término Taíno para referirse a los habitantes de Borikén, el nombre precolombino de la isla.

3. Una persona de sangre mixta.

4. James B. Chapman, Superintendente General de la Iglesia del Nazareno, citado en Nuestro lema y canción: La historia centenaria de la Iglesia del Nazareno. Floyd T. Cunningham, editor. Kansas City: Beacon Hill Press, 2009, pp. 331-332.

5. Melissa Steffan, "The Surprising Countries Most Missionaries Are Sent From and Go To Christianity Today (25 de julio de 2013): <www.christianitytoday.com/news/2013/july/missionaries-countries-sent-received-csgc-gordon-conwell.html> (18 de septiembre de 2017).

6. https://en.wikipedia.org/wiki/Venezuela. n. pag. Web 05 de septiembre de 2017.

7. El Colegio Bíblico Nazareno de Puerto Rico (Instituto Bíblico Nazareno) se inauguró oficialmente en 1954 para capacitar a pastores nazarenos. Con los años, muchos pastores viajaron a los EUA para estudiar. La escuela en Puerto Rico se cerró en 1971 y el Seminario Nazareno Hispanoamericano (en San Antonio, Texas) se convirtió en la escuela oficial de capacitación para pastores hispanohablantes en los Estados Unidos y el Caribe.

8. Nota del autor: El misionero Harry también dedicó a nuestros dos primeros hijos varios años antes.

[9] Nota del autor: En ese momento, tuve el privilegio de ser el orador y productor de ese programa de radio de misión global, desde San José, Costa Rica. Más adelante en este libro compartiré más sobre mi participación.

[10] Mabí es una bebida que se elabora en base de la corteza de árbol que se consume en el Caribe. Está hecho con azúcar, la corteza y / o fruta de ciertos árboles, especias y otros ingredientes.

[11] Howard Culbertson, revista "Mission briefing: Be a Sender" Engage , 29 de junio de 2017. www.engagemagazine.com/content/ mission-briefing-be-sender (21 de diciembre de 2017).

[12] www.nbc12.com/story/37248965/dominion-energy-crews-continue-to-assist-in-rebuilding-puerto-rico-power-grid.

[13] https://response.epa.gov/site/site_profile.aspx?site_id=12403.

[14] Jerry Porter, correspondencia personal de correo electrónico, 23 de octubre de 2017. La Isla Bendita significa "La isla bendita".